graphology

你是誰？

我是誰？

林婉雯

著

解讀人心的筆跡秘密

序

從 2019 年出版第一本關於筆跡心理分析的書開始，一直收到各界朋友的鼓勵及支持，也收到不同的查詢及個案手稿的分享，促使我更認真地考慮到，筆跡心理分析這個以實證為主的心理分析工具，可以如何更有效地應用於日常生活中。我明白將筆跡心理分析普及化，是需要一些讓大眾更容易理解的方法，因此將過往所收到的個案及提問歸納成本書的內容，我亦明白都市人正面對繁忙且有壓力的生活，因此我們更應重視精神健康，所以本書特別加入了筆跡與精神健康的篇章。

書中的第一部分，主要介紹大家甚為重視的性格特質，我以自身的角度出發，通過筆跡，看看自己、身邊的家人與友好，究竟有哪些類似的性格。第二部分，主要從天賦才能的角度出發，透過筆跡，讓你觀察到自己在生活中的喜好。同時來談談工作，我們的一生大部分時間都在為事業

而拚搏，只是有不少人偶爾會在人生半場，認為入錯行，究竟筆跡可以如何反映你是否選對了行業？我選擇了較普遍的行業給大家參考。第三部分是希望大家通過筆跡分析的方法，更加了解精神健康。最後一部分，是集合了一些大眾對筆跡的普遍疑問，一一作出解釋。

我希望大家不要看輕筆跡分析的技巧，當它被應用在生活日常中時，的確幫助了不少朋友。特別在現今科技發達的年代，使用電子產品寫字已成為生活的一部分，要拿起一枝筆去寫字的情況，確是少之又少，通過不同的個案分享，希望能鼓勵大家多寫字，既可抒發感情，更可訓練腦袋，以及讓心情放鬆，其實寫字練習並不需要花很多時間，每天 15 分鐘，讓自己靜下來，感受當下的一刻，定有所得益。

本書得以順利完成，特別要多謝所有無條件提供手稿的朋友，因為筆跡心理分析，從來都是循證實踐的過程，這些手稿，將筆跡心理分析變得更「貼地」、更生活化。其實寫字一直存在於我們的生活中，那一筆一畫，其實是腦袋要告訴我們的重要信息，通過這些無私奉獻的手稿，正好

作出了貼切的示範，讓大家可以更深入地了解自己，從而更能掌控自己的人生，在此再次感謝提供手稿的朋友。

此外，要多謝各方好友的幫忙，包括：Berenice、Catalina、Agnes、Helen、Frances、Winnie、Sally 及盧老師，也要鳴謝《橙新聞》的支持及各大傳媒的關注，以及香港三聯各部門同事的協助，讓本書順利出版。

林婉雯

2021 年 5 月寫於香港

前言

我曾遇過不少朋友，對筆跡心理分析，有種卻步的感覺，原因是整個分析程序，看來是一種很傳統的學術科目，對一般人來說有點「遙不可及」的複雜性，看似要投入不少時間去研習，再多想一點，就將筆跡心理分析，直接聯繫到法庭上那些文件鑒定的案件，那就更加正規了。為釋除這個疑慮，本書從深入淺出的角度，將筆跡心理分析生活化，以方便於日常生活中應用，因為寫字從來都是我們生活的一部分，不過，書中還是需要談及一些筆跡分析的概念，有見於此，特別將本書會提及的筆跡心理分析的重點小知識，在前言中介紹。

四維

筆跡心理分析的基本，是一個關於四維的概念。寫字所用的紙張，那是一個平面，即長與闊的兩個維度，筆尖畫在紙上的壓力，形成了寫字的力度，這是第三個維度，最

後，寫字的時間，就是第四個維度，整個筆跡心理分析，是沿着這個基本概念而出發的。

上、中、下區域

書中亦提及了區域的概念。一個字母，可被分為上區域、中區域及下區域，一共 3 個部分，情況就如下圖，筆跡分析主要會看各區域所佔的比例。

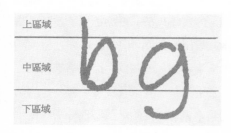

字的區域

斜度

除此以外，很多人寫起字來，都會有很個人化的斜度，在專業的分析中，我們會用上量角器來準確量度。不過，當各位將量角器拿到手中，很容易會看到有兩種量度方式，分別由左邊及由右邊開始，在筆跡心理分析的應用上，是

由右邊開始計算，當然大家也不用擔心，「貼地」又簡單一點的方式，是只要觀察出字的方向便可，詳見下圖：

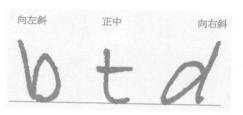

字的斜度

最後，希望以上簡單的筆跡心理分析小知識，能讓大家更容易理解之後章節的內容。

目錄

第一章 見字如人

見字如人

人生在世
從來都不是單一個體
在你身邊的是何許人
見字便知道

Chapter 1

你有「阿宅」的影子嗎？

1.1

隨着社會、科技的進步，生活越來越便利，這衍生出一批「宅男宅女」，我暫且稱呼「宅」朋友作「阿宅」。社會上普遍認為「阿宅」有着相同的特點：不擅與人相處，整天足不出戶，生活只環繞着「我」。可是，人們對於「阿宅」的看法並非全面。其實，他們往往有自己的興趣，也喜歡在個人空間中靜心思考，所以才選擇留在房中。他們也會結識新朋友，只是科技太發達，才將社交主場轉到網上，偶爾，他們也會外出與知心友人見見面，日常生活也是上班下班，生活十分正常。

其實所謂的「阿宅」，是源於日本的「御宅族」一詞，原

本是指熱衷於流行文化的人。他們與動漫市場有很大關係，並推動着市場發展，帶動相關的經濟收益。於是，「御宅族」便漸漸被社會認同。可以這樣說，無論是「阿宅」還是「御宅族」，他們都有較「專一」的喜好，也有自己的獨特想法，所以在志同道合的圈子裡不愁寂寞，只是走出了「阿宅」的圈子外，他們便較難與人產生話題，也不太了解他人的想法。那麼在筆跡上，「阿宅」傾向會如何表現出來呢？

「阿宅」在寫字的時候，傾向於多留空間，即是說四邊所預留的空白位置一般較多，字與字之間也有很明顯的距離，行距也一般較闊，甚至可以在兩行之間再寫多於一行字。原因在於，對於社交行為，他們並不熱衷也不熟練，甚至感到緊張，那倒不如乾脆與他人保持距離，離得越遠也就越安全，紙上的空間，就如在海上的大型救生圈，將書寫人安全地包圍住，再浮於社交大海上，無論怎樣與他人相遇與交流，在他們的心底，永遠都保持着一個安全又舒適的距離。

除此以外，他們往往寫得不多，因為他們很少說話，只專注於喜歡的事，若眾人談論的話題不是他們喜愛的，基本

上他們沒什麼可以說，也不知道怎樣說，倒不如乾脆不說，少了表達與交流，寫起字來也要少一點，對他們來說，這才稱心、自在。

「阿宅」多喜歡自我思考，也愛網上科技與虛擬事物，坊間更有非正式統計，說「阿宅」當中有不少屬高學歷的一群。「阿宅」的字，上區域一般會比其他區域長，因為上區域代表思想，「用腦」對他們而言十分重要，在自己所製造的閉門式象牙塔上遊走，是他們最樂意的事。

handwritten letters are a way
to stand out from the competition
and add personal connection to
your communications

書法是中國艺术的重要組成
部份.

有「阿宅」傾向的筆跡

字大狂與
自大狂

有學生問過我：「老師，我想知道，字大的人自大嗎？」

聽到這個問題，我不禁問學生：「你說的字大，有多大呢？」在空白無間線的 A4 紙上所寫的字高度超過 20 毫米的話，就是「字大」了。字的大小從來都是筆跡心理分析重要的一環。修讀筆跡心理學的學生，首要學習的是觀察能力，一眼看去，在滿是筆跡的紙上，最容易被看到的筆跡特徵通常就是重點所在，所以字的大小便是重點。

字的大小，代表着書寫人對外在環境的態度，也就是說書寫人有多願意或希望他人看到他的存在，也暗示着他所

做的事、所說的話，有多需要被認同。在某程度上，「被認同」會帶來優越感，就正如被讚賞「做得不錯」，會有「普遍」比他人做得好的感覺，「不錯」是從他人的角度看到的，言由他口，聽在我心，帶來沾沾自喜的愉悅。無論你說如何的不在乎，但心底還是會留戀、積存該正面的感覺，讓你寫起字來更有自信。而有自信的人寫起字來，字絕不會小，想想看：滿有信心的你就算走到人群中，還是會挺起胸膛、抬起頭往前走，經過的人都會看到你，所以字比較大的人，在某程度上是比較自信的。

自信心來自對自己能力的認同，這包括清楚自己的強項，同時接受自己的不足，但還是相信自己的能力，對於自己的未來，也確信可以應付得來。這個正面的想法，暗示了「生命在我手」的掌控感。有自信的人大多是行動派，有足夠才能處理大事，只是處理細微事項從來都不是他們的強項，俗語有云：「眼大睇過龍」，其實「字大數不清」，正如你或會聽到人們說：「做大事的人，不在乎『細微細眼』！」

有人說：自信與自大，字面上只有一字之別，也有人說，兩者之間，一線之隔，純粹觀點與角度的不同而已。其實

自信與自大，並不是完全掛鈎的，滿有自信的人，信任自己，並不是一定會誇大或隨便看輕別人。

那麼自信心低落的人，會是怎樣的呢？他們對自己、對他人的信任度都較低，會懷疑自己的能力和想法，所以對外界的說話會比較敏感，甚至過度在意他人的意見與批評。但其實，他們大多並不是能力不足，主要原因是不信任自己所擁有的能力，與放大了自己的弱項。在這世上，從來就不是別人說你不能，你就不能，只有你自己說你自己不能，才真的不能，一個人的自信心，分別來自「自我」與「相信」，僅此而已。

從筆跡上看，有自信心的人除了「字大」，寫起字來還鏗鏘有力，力度的大小收放自如。在有間線的紙上寫下的字，高度約有 10 毫米，字的頂部與上間線之間留有少許空間，為自己留下一點空間，便更有向前推進的動力，也留有空間給自己「思」與「想」。

但同時，字大的背後，也可能隱藏着相反的信息：對自己的信心不足，非常渴望得到關注與認同。所以這類人平時對人會比較熱情，也很慷慨。如果寫的字大的過分，即是

高度 20 毫米以上的字，大致上便代表書寫人其實正保護着心裡的那份自卑感，他們有的會嘩眾取寵、自大、高傲，目的是要在你面前留下深刻印象。

而值得留意的是，關於字大和自信的分析並不適用於小朋友。因為小朋友的腦部對於控制弱小的手部肌肉，尚未完全熟練，要孩子寫小字，不是那麼容易，所以在孩子的世界，字大與自大，並無任何關係。

老實人與古惑仔

試問有沒有人敢承認，自出生以來，未曾說過一次謊話？教授筆跡分析之初，我發現不少人都對說謊者的字有興趣，我通常都會這樣回覆：從筆跡看說謊，是極其複雜的事情，說謊可以是出於善意，也可以是出於惡意，有的是無心的，但也有別有用意的。亦正因如此，從筆跡中看出謊言，不是三言兩語能解釋的。不過我還是希望讓大家明白一些簡單的概念，讓我們先從「古惑仔」的對家——老實人出發，希望通過篩除的方式，讓大家想到「古惑」的筆跡。

談到老實人，我想到了盧冠廷先生的一首《快樂老實

人》，歌詞是這樣唱的：「快樂老實人，敢想敢當敢說每段老實話」。率直的老實人對自己的說話是有承擔的，那是對自己有信心的表現，所以就如上文所說的，老實人寫出來的字，應該不小。因為字體小的人，向來就比較內向，也不願受眾人注視，凡事多留在心中，坦坦蕩蕩地將事情說出來並不是他們的本性。所以字體大小，最好應該約在 10 毫米高左右。以中文字為例，從字形上看，若書寫人的字比較方正，一筆一畫全都清清楚楚，寫得毫不馬虎，力度上也是鬆緊有度，垂直的筆畫也較有力，代表他為人處事不尚虛文，也謹守法紀，從不以狡猾手段來獲取他人信任。對於困難的事，他們甚有耐心與毅力，會從容不迫、抽絲剝繭地找出因由，就算是失敗了，也可從頭開始過，絕不會得過且過，以朦騙他人來掩飾自己，為自己

一個和尚。那位和尚見亿浚理不理地很不客氣。正在此時，□子，排場很濶綽，和尚馬上換了他。亿浚很討厭這個和尚，筆那個□，便氣憤憤地問道：「你對我為什

較方正的筆跡

24

找藉口，是「莫自卑不需要背着別人愁，抬頭人自傲⋯⋯每天展笑闊步朗日下」的「快樂老實人」。

看到這裡，讀者們大概會想到小時候上書法課的日子，為何老師總要我們要挺胸提肩，把字寫工整？如果垂肩彎背，呼吸不順，就像是洩了那道氣。事實上，垂頭喪氣的人，像是沒有了自信心，說起話來也不會令人信服。

老實人的字，工工整整，讓人看得清清楚楚，相對地，古惑的人所寫的字，一般不太清楚，原因是寫得不清不楚才可以在當中找到一個「緩衝區」，即一旦被懷疑便有各式各樣的解釋，看着你所需，來找一個滿足你想法的原因！這樣的做法正確嗎？始終這個世界上甚少有非黑即白的事，灰色地帶也甚為廣闊，找個帶着善意的藉口，只是讓大家都好過一點而已。

此外，有些人寫起字來，筆畫之間，或各部首之間會有點距離，從外表看來是疏離的。這類人做起事來較為粗心，也少有會細心去思考，甚至有些輕舉妄動，只希望早些完成，帶着僥幸的心態過活，萬一事情出了亂子，也就得過且過，隨便用一些藉口滿足自己，缺乏應有的道德法理觀

見 面 皆 識

念，什麼「應該與不應該」，不在他們的考慮之列，你相信他們與否？請自行抉擇。

也有一些人，在字的尾部留下延長的筆畫，或出現顫動的狀態，打個比喻：有些人唱歌在每句完結之時，會發出顫動並延長的聲音，我們稱這種歌聲為顫音。在寫字上，就是出現在筆畫最後的延長部分。將筆畫寫成這樣，大多並非因為健康欠佳，精精靈靈的人將字寫成這樣，表示他喜歡以辯駁他人來惹人注意，辯駁的理由合理與否並不重要，總之，他就是要你注意他，甚至崇拜他，最終也是為了自己，遇上這種人的話，一定要有清醒的頭腦與高度的情商，才能冷靜處理。

天 時 地 利

收尾時呈現頓動狀態

總括而言，老實人與古惑仔，看似毫不相干的兩種人，當中還有不同的筆跡表現，在看似不相干之間，還是會偶然相聚的，那就要看如何能找個平衡雙方的溝通方式相處。

天生購物狂

大型商場為增加人流，刺激消費，常會推出現金券及降價促銷活動，在網上與實體店舖瘋狂購物的朋友實在不少。你會是其中之一嗎？「對自己好一點，買點禮物給自己！」「愛你的家人，送他最好的！」「不能外遊，惟有多買一點！」「性價比很好，一定要買！」有聽過類似的話嗎？喜愛購物的朋友，總會找到讓自己消費的藉口，好讓心靈來個大滿足。只是消費過後，信用卡賬單陸續到手的一刻，你有被賬單上的數目嚇一跳嗎？

傳統上，節儉是一種美德，只是這個年頭經濟不穩，要找到一份高收入又穩定的工作真的不容易，再加上物價高

企，入不敷支的大有人在，在財務上為自己好好計劃一下，也是應當要做的事。可是這對於購物成癮的人而言，卻甚有難度。如果你身邊的朋友也是愛購物的一族，說笑的時候，我們大抵會稱呼他們為「購物狂」。雖有如此的稱呼，但他們真的是購物成癮的人嗎？就讓我們從他們的筆跡來了解一下。

基本而言，一般人寫英文字，是從左至右順序寫的，當第一行寫完，所寫的內容仍未結束，就會轉往下一行書寫，直至寫完為止。漸漸地，頁面的左邊會形成頁邊（Margin），而大部分人寫字的頁邊，會形成垂直線狀。簡單地說，即下一行的開端與上一行第一個字的位置相同，這樣看來才整整齊齊。

不過，購物狂的筆跡完全不同：他們的頁邊會呈凹凸狀，而且沒有固定的模式，所以看起來多呈不規則狀態。而且字的中區域特別大，也多向右斜，行與行之間的距離也較闊。這樣的字，反映書寫人個性比較衝動，不善計劃，做事憑感覺與喜好而行，容易胡亂消費。他們購入的物品，大多與日常生活相關，會重複購買同一物品嗎？很有可能！因為他們買了也就忘了，即興地上網按個鍵，在信用

from second-hand ~~vin~~ vintage shops
stacked with undiscovered
treasures to shopping outlets where
you can ~~help~~ ~~so~~ snap up high-end
brands for a killer deal, here's
how every trend hunter visiting
HONG KONG should spend
their days in the city.

「購物狂」的筆跡

卡收據上簽個名，馬上心情舒暢，容易得很。

還有一種情況，叫「因友失財」，就是單人匹馬、各自修
行的時候，自會量入為出，雖不算是理財有道，但仍可說
是「還可以吧」！「因友失財」是因為和朋友兩人同行，
外出消費，你一句：「穿上紅衣，皮膚看來很白，試下
也無妨」，我一句：「是時候減磅，買多對波鞋多一點動
力」。如是者，在毫無預計的情況之下，買下一堆「不是
很需要、也不急要」的東西，買的一刻，兩人同樂，稱心
暢快。

當大家以為這對朋友都是購物狂的時候，對比一下他們的筆跡，又發覺並無以上談及的特徵，既是這樣，為何兩人走在一起就狂買？單人行事就沒有這個狀況？這樣的情形，並不難去理解，兩人所寫的字，必定有共通之處，就是中區域特別大，這類人一般都是愛美的，走在一起，暗地裡也有一點競爭性，走在一起多買一點，得到的是被重視的感覺，「穿得很美，用得不錯」的美言，促成了內心消費的衝動，若你所寫的字，中區域特別大的話，就要留意下你的購物夥伴的筆跡特質了。

愛儲物與
斷捨離

一個愛得癡纏，但毫不浪漫，一個灑脫不留情⋯⋯那該如何選擇？請不要誤會我在說糾纏不清的感情關係，我只是想告知你：愛儲物與愛簡約，兩種各走極端的喜好，他們之間的唯一共通點，是對「死物」的處理態度。

講到儲物，不同人會有不同喜好，比較常見的有郵票、錢幣、書籍、漫畫、手辦模型等等。而在香港，樓價不斷上升，家居環境狹窄，要找適合的空間儲存心愛物品，並不容易，於是成就了迷你倉行業，專門解決人們愛儲物的問題。在我認識的朋友中，也有天生儲物狂，當我以為他租一個迷你倉就可以解決問題的時候，才知道，一個人租數

個迷你倉也絕不出奇，原因是友人認為要將心愛的藏品分類，放在不同的迷你倉內作展示，有空的時候，大可到倉內作個小探訪，以免掛念，由此可見，他儲物量之多！

那為什麼會有儲物的習慣？其實儲存的物件，不一定有價值，大多是因為人將感情與物品扣在一起，不捨的不是物品，而是物品所帶來的情感補償，那麼到底愛儲物是不是一種病態？著名心理學家弗洛伊德認為，儲物的出現，源自幼童的獨立，為着逃離媽媽的管束，全心擁有在自己掌控下的物件，能為心靈帶來的一陣歡愉。

這類人所寫的字有什麼特點呢？若你給他一張紙，讓他隨意寫的話，他必定會把紙填得滿滿的，連頁邊也沒有，行與行之間的距離，大多較密，一般不足以寫上半行字，但其實能寫成這樣已經很好，至少，他儲存物品時還是有條不紊的。

相對於愛儲物的人，簡約的人，其實也是有條理的，他們有着應守的法則，進行「斷捨離」。「斷捨離」原本是一個瑜伽理念，意思是斷絕不需要的東西，捨去多餘的事物，脫離對物質的執着，不過知易行難，絕大多數人，在

不同的人生過程中，總會肩負着不同的包袱，若要整理人生，採用「斷捨離」的方法，並不一定適合每一個人。

曾經聽過一些個案，為了嘗試「斷捨離」，霎時衝動，在幾天內幾乎將全屋物品棄掉，處理完後，頓覺空間大了很多、乾淨利落，可惜又發現在什麼都沒有的情況下生活，剩下的感覺只是「捱」，結果不到兩星期，又將之前丟棄了的東西重新買回來。

在我認識的一些朋友中，也有熱衷於追求簡約生活的人，我所知道的，是他們每天起來，就想着有什麼東西可以丟棄，每天審視一下，將背負的重擔放下，輕裝而行，活在當下，不亦樂乎，原來「Less is more」，減省了的，是為自己騰出更多空間，迎接更豐盛的未來。你能做到嗎？即使要做，也必須要先清楚「斷離捨」的意義，不是為做而做，而是先了解自己是否適合去做，「適合」是與時間有關的，那是我們常說的「timing」，人在不同時期或對事物有不同看法，所以我請讀者留意你所寫的字，是否有以下兩份手稿的特質。

從以下兩份由不同朋友所提供的手稿我們可以看到一些共

Welcome inspired explorer, We are thrilled
to show off the vibrancy of our neighborhoods,
plus introduce you to Singaporean Culture
through localised design, indigenous cuisine
and tie-ups with local brands
Some of my favorite spots within
Andaz Singapore include our drinking and
dining alleyway, Alley on 25, on Level 25,
our outdoor pool on Level 25. and
Mr Stork, our rooftop bar on Level 39
that offers 360-degree views of the
City

根據近日在日本廣泛傳播的新聞表示，把
芥末和醬油混合一起食用是違反禮儀的，
而東京 Itamae Sushi Edo、Sushi Susuya Korin 等多家
高檔餐廳的廚師也持相同觀點，認為將兩
種元素混合會使醬油味道變淡並破壞芥末
的辛辣和香氣。

見字如人

通點，就是整整齊齊，而且留有足夠的頁邊，字與字、行與行之間的距離也相當平均，看起來從容不迫、有秩序，且沒有強迫性的操控感。對了！這就是會心悅誠服地愛上簡約生活的人的字。而習慣將紙寫得滿滿的人，若有一天，你發現再沒有將紙填滿，恭喜你！是時候可以簡約了。

你是哪類人？

談到兩性關係，一直以來都有着說不完的話題，當中涉及了男女之間的溝通、思維模式、事業、家庭角色等等，美國作家約翰・格雷（John Gray）於 90 年代初出版的著作《男人來自火星，女人來自金星》（*Men are from Mars, Women are from Venus*），至今已差不多 30 年，依然賣得滿堂紅，今時今日，走到書店逛逛，必定在當眼位置，看到這本書的蹤影。可見無論是哪一個年代的人，對異性的了解，都好像有一道無形的牆，看到牆後的身影，卻無從打破那道牆，所以還須借助工具書來認識異性多一點。

過往，有科學家認為男女思想、行為的不同，是源於腦部

胼胝體（Corpus Callosum）在運作上的不同，胼胝體主要是聯繫大腦兩個半球之間神經元的帶狀物。有科學家認為，女性在處理視覺空間的時候，會同步運用左右腦，這須要將左右腦聯繫起來，胼胝體亦因此運用得較多，所以比男性的厚。而男性在處理視覺空間上較女性為佳，因為他們只要使用右腦，便能完成這件事。這個推論當然引來了不少的爭論，有研究人員認為，男女之間的分別並非單純是視覺空間的，有更多特質是更值得兩性互相關注的。

長久以來，男女之間的地位似乎從未「平等」過。舉個例說，傳統觀念上，男士需為工作拚搏，要事業有成，才合乎公眾的期望。看到「成功」的男士，我們大概會認為這是應該的，而久未升遷的男士，或會被形容為「鬱鬱不得志」。但若換在女士的身上，那又會怎樣呢？長期在同一職位工作的，叫安安分分，「做好我份工」，事業上有所成就的，就叫「傑出」。而社會還有觀念認為，女士該是有禮貌、能體諒也能關心別人的，而直率硬朗的女士或許還要被冠上「男人婆」的稱號。

其實，我們並不是要在他人的期望下生活，從來都不用扮演特定的角色，無論你是男生還是女生，都該活出自己那

份獨有的氣質，當中包含着個人學養、品行、能力等等。

從筆跡上，剛與柔、男和女有什麼不同呢？先談女生：

天生溫柔、愛與人分享感受，懂得體諒與關懷他人的女生，所寫的字整體上多呈圓形。筆跡中還可見大圈圈，尤其在英文字的上區域或下區域。例如英文字母的「l」或「t」，具長而闊的形態，中區域又大又清楚。斜度上，多向右斜，至於右斜的幅度，就看她有多熱情了，越熱情的人，字越往右傾斜。看到這裡，你或會想起已故英國王妃戴安娜的字，與剛才我所說的甚為近似。寫這類字的女生，大多愛心滿溢，比較外向，原因是她將關愛別人視為重任，在關心別人的同時也找到了自己的價值，她們愛滔滔不絕地說話，也有着愛美之心，與她相遇會是一件賞心樂事！

溫柔、愛美的女生的筆跡

相對地，較剛毅、有「男子氣概」的女生，生來就爽朗，沒有拖泥帶水的鬱悶，她們有理想，也有着無限的精力與動力去追求目標，只是有時過分集中於目標的實現，使她忘卻了身旁的其他同伴。所以從旁人的眼光來看，她們顯得自我，也偶有一點自負。她們絕對不是一個稱職的聆聽者，相反地，發號施令才是她們的專長，亦正因如此，她們寫字的力度頗大，尤其是垂直的筆畫，因為對自己的想法很上心，小楷英文字母「t」字橫的一畫比較長，無論中文還是英文，字形大多較長較窄，而在無間線的白紙上，將句子寫成穩定的橫線，一定無難度。

再來談談男生。剛強又追求權力的男生，所寫的字會是怎樣的呢？說起來，應該與有男性氣概的女生頗為相像。他們的寫字力度必定較大，此外，上區域與下區域也必然較長，中區域可說是可有可無，他們關注的，是怎樣能讓自己表現卓越，所思所想能夠實現，也有足夠推動力把事情做好，同時，還要擁有權力與操控力，這才是王道。

爽朗、剛強的女生的筆跡

剛毅的男生的筆跡

溫文爾雅的男生的筆跡

有人喜歡事業型的男生，但溫文爾雅的男生，也甚受女生歡迎。與溫柔女子的字相似，這類男生所寫的字也較圓潤，中區域較大且清晰，他們很重視生活細節，為人較細心，也懂得說話，只是寫字的力度較輕，在為人處事上並不堅持，很少與人爭拗。

以上 4 類人，各有不同，無論你是哪一類，都應活出自己的特質，然後你會發現自己更多的潛能，在人生路上，整裝待發。

見字如人

你找到對的
人了嗎？

你找到心儀的對象了嗎？還是仍在尋尋覓覓，納悶地一個人繼續在網絡上尋找秒速脫單的方法？又或是與單身俱樂部的朋友，一同趕往占卜，問問看來年的戀愛運？有另一半的朋友，在大家相處的日子中，腦袋裡可曾閃現過「是否相襯？是否適合？」的內心對話？

張敬軒《找對的人》的歌詞是這樣的：「地方對，年份錯，都遺憾……日子對，名字錯，不幸，淘盡幾多光陰，不襯便不襯……是對的終於會碰到，是錯的不管再美好，一個接一個，也沒有結果。」在戀愛關係上，試問有誰不想找到一個對的人？

在筆跡分析的工作上，我曾遇過不少朋友要求做關係配對的筆跡分析。所謂關係配對分析，大概有兩個方向，其一，是根據心儀對象的筆跡，看看可以用哪些溝通方式更容易與對方展開話題，投其所好，提升好感度，從而更深入認識對方。而另一種，是已有固定伴侶的人，他們更想要知道的是，雙方在性格上是否足夠匹配，能否成為終生伴侶？若非百分百匹配，又如何在性格差異上找到相處的平衡點？

請先看看下面 3 份分別來自前度、主角及現任的手稿：

> Hi Janny.
> I come to share my handwriting
> I write in different styles. I
> like neat and easy to read.
> what do you think? Look good?

前度的筆跡

> If the threshold was an
> occasion morthy of he
> presence. After all it was the
> legality of the

主角的筆跡

What makes people smart,
Compliant and confident?
the best is to ...
ingenuity, skill & judgement

現在的筆跡

我希望大家留意以上手稿中字在上、中、下區域上的比例
分配。

字母區域的比例分配顯示了寫字的人所關注的事情和興趣
所在,比例特別大的那個部分,表達了他們對不同事情的
重要性評價、看法與態度。簡單而言,這正是影響我們立
場、判斷和行為的價值觀。如兩人寫出來的英文字母上、
中、下區域的比例相近,代表他們多有共同話題,較容易
打開話匣子。

從這個角度出發,明顯地,主角與前度的字在比例上完全
不同,前度所寫的字,中區域特別大,而且較為寬闊。中
區域特別大的人,尤其是字形較圓的,特別愛說話、愛傾
訴、分享心事,也甚懂得關心別人,在生活細節上表現優

雅，且愛打扮，這一切是前度最關注的地方。

至於主角，是怎樣的一個人呢？主角的字，上區域與下區域比較長，字身看起來也是長長窄窄的。相對地，字母的中區域不穩定且較細小，但尚算能看清楚。字母與字母之間，也有部分相連的筆畫。因為中區域部分特別小，且比例並不平均，相對地上區域及下區域就顯得特別大。細小又不穩定的中區域，表現了主角脆弱的自尊感，亦正因為這樣，主角的待人處事態度經常轉變，為的是保護自己，防備被他人窺探到他那份低落的自信心。在某些時候，當心靈的警戒線被觸碰到，人就會變得很敏感，也顯得猶豫不決，在這些情況下，主角容易動怒，所以顯得較情緒化，對他來說，比起生活日常，個人的觀感更為重要，說實在的，主角是一位思考型的人，他並不願意、也不容易將內心感受與人分享，更遑論生活細節，這並非他「那杯茶」。

由此可見，他們在價值觀上的基礎並不相同。或許你會問，既是如此，為何他們會相遇、交往，又訂下婚約？

想想看：你是一個喜歡思考的人，而你身邊出現了一個

人，他在言談中分享了一些你從未有過的想法，是你思想範疇上不曾出現過的角度，那多麼新奇和興奮啊。於是你大多會願意花點時間，希望在他身上找到更多的新鮮感。只是當所謂的「新鮮」重複地出現，便成為了習慣的一種，隨着時間流逝，生活看法和模式的不同，漸漸在兩人之間形成分歧。於是有一天，你或會聽到：為什麼你不再明白我？

再看主角與現任所寫的字，在區域的比例上較為相似，同樣是長長窄窄的，愛好與想法自然也較相近。而現任是 3 位之中，字與字相連得最緊密的。看上去你會感覺到，現任的筆跡字字相連，又偶有停頓的空間，從容不迫，更有節奏，代表當她面對主角的情緒化行為，大概能猜想到他的想法和反應，因為她是一位蠻細心的人。再細看她的筆跡，有留意到小楷英文字母「t」字橫的一筆嗎？兩人的那一橫，大部分是在垂直筆畫的右邊，代表他們對於目標的看法，以及鼓勵自己向前走的態度都很相像，我想，若兩人同遇上艱難的日子，也能互相鼓勵與扶持，共同過寒冬，既然是這樣，兩人走在一起，也不是無道理的。

談到感情，還有一點可以注意，那就是筆跡的力度。力度

的大小反映了個人的身體能量水平，與對感情的投入程度。寫字力度大的人，通常會愛得死去活來、刻骨銘心；寫字力度小的人，分起手來十分灑脫，也無什麼需要牽掛，一覺睡醒，明天又是新一天。

所以，了解個人的價值觀，是對戀愛的態度與期望的重要一環。若你發現自己與另一半所寫的字，在區域比例上相差很遠，那就要看雙方的包容能力。始終人與人的交往，在於互諒互讓。

而你，找到對的人了嗎？

另一半懂
我嗎？

看完上一篇，或許你會問：雖然主角及現任的想法與愛好較相近，但這並不等於一段感情可長久穩固，那麼，除價值觀外，在戀愛關係上還有什麼要留意？

我並不是一位愛情專家，解釋感情上那複雜又微妙的化學作用，並不是我的專業。不過可以從筆跡的角度交流一下從兩篇筆跡看到的，兩人在關係上可如何協調互補。

字的斜度代表了一個人處理社交的態度。同一方向、斜度相近的字，反映出書寫人在社交上具有相似的私隱要求與觀點。反過來說，即使兩人筆跡的 3 個區域比例近似，

但一方寫字極度向左斜，另一方寫字極度向右斜，其中一個可能是，兩人最初見面之時會有共同的話題，但最終或會因一方感到私隱被侵犯而產生不快，另一方卻懵然不知，合拍程度會在短時間內減少，而另一個更大的可能，是雙方根本不會開口對話。因為筆跡極度向左傾斜的人，對私隱有要求；而筆跡極度向右斜的人，熱情好客，或會忽略對方在私隱上的要求。

向左斜的字

向右斜的字

說回上一篇中主角與現任的字，若用量角器去量度，現任的字約呈 90 度至 100 度，而主角的字，在肉眼看來像是左搖右擺，但仔細量度之下，原來也是在 90 度至 100 度之間，亦即是說，兩人在處理對外的社交關係時，想法與行為是很相近的。某程度上，這類人並不是很熱情，也很容易讓外人感到冷漠，因為他們不善於表達情感，亦不多言。或許你會問，兩個同樣不多言，亦不善於表達感情的人，要他們將「我愛你」說出口已不是易事，他們走在一起，能溝通嗎？

美國加利福尼亞大學洛杉磯分校的研究人員，曾經就人際溝通方式進行研究，總結了人在判斷是否信任一個人時，存在着 7 比 93 的溝通定律：7% 是言語，即所說的言詞、說話；93% 是非言語方式，即身體語言與說話的語氣態度。所以說話言詞並不是溝通的關鍵，而主角與現任稍為正中的字，顯示了他們會有一套自己的想法，但亦同樣尊重他人的意見，希望多聆聽他人，更不會左右他人的意向。他們的字，斜度較相近，這表示他們雖然不太會開口說出自己的心意，但單憑一個眼神，又或是嘴角微翹，就會「你懂的」心領神會了！

再對比兩人的字，相信大家不難發現，現任的字，字母與字母之間，筆畫多相連，甚至字與字之間原本應有空間，也有一筆在字母的頂部相連着另一個字，如「confident」的「n」與「f」。這樣的寫字方式，與主角甚有差距，但勝在筆畫的顏色比較平均，每行的底線（Baseline，即將一行字母的中區域最底部分連成一線的一條線）向上斜，來得簡簡單單，並不造作，清清楚楚的寫出她的意思。雖然字與字之間的距離並不一致，但整體上還是有穩定的節奏韻律，表現了較為自律又樂觀的性格，同時亦可憑直覺清楚知道，何時可以讓身邊的人輕鬆一點，舒緩一下緊張的情緒。

這正好配合主角的處事方式，主角所寫的字，相連的並不多，垂直的筆畫，顏色很深，力度也重，反觀其他筆畫，墨水顏色深淺不一，表現了他很有自己的想法，並不喜歡其他人干擾他的思緒，頗有性格，情緒變化較大。雖然寫字的彈性斜度（Flexible Slant，指斜度時左時右，但維持在一個特定的幅度內）反映了他會民主地聆聽他人的意見，但實情是我說的話你一定要聽，因為他是一個有計劃的人，會為自己的計劃負責，只是因應中區域特別小，沒在意、更不須與他人溝通清楚他的要求，還有在筆畫中那

不平均的墨水流向，顯示出他的精神壓力亦不小，他並未太放鬆去寫。而現任正好憑直覺就能在適當時候來個幽默，讓他間中放鬆一下。

你如主角與現任一樣，找到了讓你心領神會的另一半嗎？

佛系「鹹魚」 又如何？

談到鹹魚，大家必然想到一條一條掛在海味店或街市乾了的魚。而一條乾乾的鹹魚，又代表着什麼呢？

鹹魚的前身，原是一條在水中來去自如地生活的魚。然後遇上了機會，上岸去了，再經歷鹽的洗禮，放任地等上一段頗長的醃製日子，最終變成了一條死魚，躺在大街的海味店待沽。

你知道嗎？鹹魚代表着那些不思進取、自暴自棄，沒有理想的一群人。各位有伴侶的朋友，或許你尚未想像到這類人如何與鹹魚掛上關係，但大家大可幻想一下，單身的日

子，在茫茫人海中，努力尋找生命中的另一半，為工作打拼，沒有一刻停下腳步，就如大海中的魚，不停地往前游，然後，終於找到可以相依相伴的伴侶，到岸上去享受一同生活的幸福。最初的日子，自在忘我地養尊處優，長胖了也解釋說是「幸福肥」，那肯定是樂壞了！

一段關係的經營，並不容易亦絕不簡單，始終是兩個來自不同成長經歷的個體。走在一起，日子久了，若一方努力向前，繼續為事業拼搏，而另一方依然享受家庭生活，在互相包容的情況下，是沒有問題的，至少互相明白「我走在前，你在背後支援與享受」的道理。不過，也有不少情況是：抱怨另一半毫無理想、大志，甚至偷懶到連基本的體重也不管理好，安於現狀，那與一條躺着的鹹魚有分別嗎？

在我處理個案的經歷中，也遇過結婚多年的伴侶，投訴另一半出現「鹹魚」的狀況，希望透過筆跡分析改善關係，同時想為另一半找出鹹魚翻身的方式。

究竟「鹹魚」的筆跡是怎樣的？之前提及過，大部分「鹹魚」皆安於現狀，沒有多大的理想，隨遇而安，享受佛系

Hi dear!
It was so very kind of you to
have sent us such a lovely
card. We both are greatly
touched by your thoughtfulness
Lots of love there!
Jenny

的生活。他們所寫的字，英文字母中區域比較大，底部特別短，頂部亦可有可無。而無論中文還是英文，看起來都比較圓，因為他們只關注現狀與生活上的瑣事，要談理想，那是很遙遠的事，倒不如想想今晚吃什麼，似乎實際一點，不過家庭與伴侶對他們而言是很重要的。

若他們所寫的字是在空白的 A4 紙上，提供的信息又多點：頁邊的空白位置是個關鍵，在空間的使用上，他們傾向靠左寫，並在頁邊的右面留下很多空白位置，似乎要他們向前進或踏出新一步，甚有難度，原地踏步對他們來說最自在。而靠左寫的特點也顯示了書寫人較重視家庭關係，家庭的支持在他的心裡佔據了不少位置。加上他們寫

字力度較輕，表示他們最享受面前的快樂，對面前的生活確實滿足，又了無牽掛，那麼問題在哪？

這有可能是伴侶之間的步伐並非同步，原因有很多，可能是對方停滯不前，或是自己跑快了，於是換來了對另一半的裹足不前有所不滿，又或是嘗試改變對方，甚至希望以控制方式要求另一半跟從自己的想法，從而希望將伴侶一貫的生活模式有所改變，以達到自己的理想要求。簡單來說，伴侶們沉醉在愛河的時間多忘卻了自己，只是當「新鮮」一詞在愛情路上淡出以後，一切便打回了原形。

在以往筆跡心理分析的個案上，我曾遇見過一位愛事事操控的女士，結婚多年後，埋怨丈夫沒有大志、不思進取，不明白為何丈夫會放棄晉升的機會，只顧弄兒為樂，也不願意為工作打拚。而他同輩的朋友，大都已成為公司的管理層，於是覺得雙方在思想以及日常溝通上，甚有落差，那麼原因在哪？

看了該女士的字，我便明白為何她會有那股怨氣。她所寫的字，字字向右，以量角器量度，斜度是完全穩定的 75 度，而且字身長而窄，力度很重，小楷英文字母「i」上

No cash credit card. gift voucher and credit note are granted under any circumstances.

女士的筆跡

面的一點，永遠在「i」字幹的正上方，距離也維持在 1 毫米左右。這種寫法，明顯地具有操控的特徵，為人妻的是一位事事要求完美、甚有原則的人，與丈夫那種輕鬆自在，以家庭為先的性格甚有差距。

其實，每個人都是獨立的個體，與其去改變別人，換來滿肚子氣，倒不如改變自己，為自己找個出路，放下執着的重擔，吸一口氣也來得輕鬆自在。再換個角度看，也許是另一半，深明你有着無限潛能，所以替你分擔家庭瑣事，讓你成就理想，鹹魚也有鹹魚應做的事，躺着看世界，從另一角度出發，也未嘗不可。

談談情，
說說……

國際同業間多有交流，分享不同的個案，有些能讓大家會心一笑。其中有一個外國的個案是這樣的：有一位女士帶來了男朋友的字，要求筆跡分析專家作出詳細分析，除了要知道兩人是否匹配外，最重要的還是要知道，她的男朋友在這一刻，同一時間有多少個女朋友。聽到了這樣的要求，就算你不是一名專業的筆跡分析師，也不期然會感受到問題所在，然後很自然地追問：為什麼她會這樣說？

原來這位女士對筆跡分析甚有興趣，據說她買了不少關於筆跡分析技巧的書籍自學，近期更迷上了解說兩性關係的筆跡書。根據參考書的指導，她找來了男朋友的字研究，

一看之下，甚為懊惱與失落，惟有尋求專業指導。查問原因才知道，原來這位女士看到男朋友所寫的字母「y」，下區域有着不同形態的寫法，因此認定男朋友與不同的女子有着不尋常的親密關係。根據她的看法，字母「y」有4種形態，應該至少有4位「女友」吧！

談到這裡，各專業同袍的嘴角不禁向上一翹，不知道是該生氣還是該笑。對於字母「y」下區域的演繹，她的理解只流於片面，其實不必驚恐。

我曾在《你有多久沒寫字？原來筆跡能反映你的個性！》中介紹過，字母的下區域，代表個人的執行能力、行動力及對運動的喜好。而筆跡分析讓人着迷的地方，是解讀筆跡線條時所產生的那份神秘感，情況就如剝洋蔥皮一樣，永遠有着更深的一層。當你以為自己已經學識了如何解說筆跡，你會發現，它永遠有多一層的含義。就以剛才所說的下區域為例，其背後展現了馬斯洛的需求層次理論（Maslow's Hierarchy of Needs）中的生理需要（Physiological Needs），即維持自身生存的最基本需求。所以下區域，也代表着衣、食、住、行等等各方面的生理需求。下區域的環形樣式則暗示了需求的多少，以及想要

如何被滿足的傾向。

所以，在同一篇筆跡中，「y」字有不同的寫法是否就代表書寫人有不同的親密關係？事實並非如此。這只代表了書寫人對待同一事件或想法，會以不同的方式表達而已，這也可說是創造力的表現。

不同寫法的「y」

其實，除了字母「y」，同樣有着環形樣式下區域的「g」與「j」，也能看出端倪。而它們確實能表現出書寫人對性別的觀念與想法。舉個簡單的生活例子，在傳統的父系社會，男性的財產權與地位遠高於女性，在這樣的家庭成長的女生，或會唯命是從，甚至對女性的身份作出控訴，而對自我身份有批判想法的女生，多會超越自己，撐起半邊天，在這情況下，字母「y」、「g」與「j」的下區域，間中會出現向右勾的情況。

英國萊斯特大學（University of Leicester）研究人員在《個

性與個體差異》期刊，發表了一份從性別角色的認同，探討筆跡與男性及女性荷爾蒙關係的文章。研究顯示出生前激素（Prenatal Hormone）只對右手執筆的女性有筆跡上的影響，但對於男性並沒有出現任何影響，受出生前激素影響較大的女生，或會出現較男性化的筆跡。

而在男性的筆跡上，微微反方向的「y」字下區域，暗示了對不同性傾向人士的認同，不過在他的思維上，男性的角色還是佔據着主要地位，甚至顯得有些大男人。

以筆跡分析談情說性，課堂上永遠鬧得熱烘烘，有着無盡的提問。只是熱鬧過後，永遠沒有人願意將手稿留下作研究，這對於以實證為研究基礎（Evidence Based）的筆跡分析人員而言，增加了收集數據的難度。

當大家還在想着「y」字與談情說性扯上關係的時候，我又想告訴你另一個現象。在香港，我發現不少人會將「y」字的下區域，寫成沒有任何圈狀的線條，也有的人把它寫得很短，有的人寫得又長又直，那又表示了什麼呢？

大部分香港人工作繁忙，一天工作多於 8 小時絕對是等

閒事，長期下去，我相信大家都會明白何謂心有餘而力不足的情況，始終我們不是一個機械人，意志再強，身體也需要休息。在過分辛勞的情況下，連去完成「y」字尾部圈圈的力量都沒有，所以寫出來的「y」字，尾部多短而直。相反地，那些將「y」字得長而直的，又是否代表書寫人有為事業打拚的無盡精力呢？

其實，將「y」字下區域寫得長而直的人，做起事來常有堅定不移的決心，也很有決斷力，所以他們的寫字速度通常較快，要做的事一定堅持到底，只是他們的身體也有疲累的一天，所以沒有完成最後的圈圈筆畫。

無論你寫的是短短的「y」，又或是長長的「y」，是時候關心一下自己的身體，要精力充沛，才可走得更遠！

她是你的
閨密？

1.11

人與人之間的相處非常複雜，包含了很多不同的元素：信任、尊重、包容、讚美、共同愛好，甚至外表、經濟狀況與社會地位等等，能成為閨密，絕不等閒。閨密圈內，總有點不能解釋的默契，即使無言無語，也不必常見面，亦可心靈相通。而閨密並不限於「好姐妹」關係，異性朋友、子女和父母、上司和下屬等都可以好親密。

我有一位朋友的媽媽，把女兒當作好知己，不論事情大小雙方都可談論一番。我也聽說過，一位朋友的下屬，得知他要移民海外開創新事業，二話不說，一個月內便將物業出售，同時，連同配偶立即辭職，在未有任何計劃下，便

跟從上司一同移民海外，在一個陌生的環境，開始新的生活，一同為新事業拚搏。還有一對屬師徒關係的朋友，她們相識超過 30 載，只是當中有 20 年從沒有聯絡，在一次偶然的相遇下重聚。雖然兩人的外表因歷練而變得更成熟，可是內心還是如當初那樣，依然一見如故，互相鼓勵，確實難得。

閨密的故事實在有很多，疫情期間，也見過閨密們為失業或被拖糧的朋友四處張羅：有介紹工作，有情緒支援，也有找個名義作經濟支援。患難見真情，尤其在利益下，所謂偽君子或真朋友，也是時候來個告白。常言道：錦上添花的人太多，雪中送炭又有多少人能做到？

能成為閨密，除了緣分外，我相信還在於一份不言而喻的信任。觀人於微，有時從一些生活日常的自然反應與行為，我們大約已可以知道對方的內心想法，感受對方是否一位百分百值得信任及可以交心的人。除了觀察對方的行為，在筆跡上，又可以怎樣看出對方是否值得信任呢？

小時候，也許你也曾不止一次聽過：寫字要寫得美，寫得不美的話，至少也要寫得清清楚楚，因為寫字是用來溝通

的，清楚才是溝通的基本，正如做人要打開天窗說亮話，坦坦白白才可讓人安心自在。同時，我們也應要查證一下，看看書寫人的簽名是否和平常所寫的字一樣，字與簽名互相配合，才是重點！

除此以外，寫字的一致性也是重要的考慮因素，有些人寫起字來左搖右擺，在同一手稿上，一時寫得很大，一時寫得很小，在考慮可信程度與責任心的大前提下，這些也不是我們喜歡遇見的字。

再想想看，閨密之間無論是觀念還是情感模式，必定有不少「相同」的地方，否則如何想對方所想，感同身受，並給予對方扶持的力量呢？所以從筆跡上看，字的形狀比較重要。

欠缺一致性的筆跡

何謂字的形狀呢？我在《你有多久沒寫字？原來筆跡能反映你的個性！》一書內，談及過塗鴉這個題目，內容講述不同圖形的代表意思，用在圖畫上，當然比較容易明白，但其實字形與圖案形狀，是息息相關的，常見的形狀有四方形、圓形、三角形及線形。先說三角形，最容易讓你明白的，是美國前總統特朗普的簽名，你還記得他那呈三角形，如心電圖的字嗎？出現三角形或是「起角」的字，代表書寫人愛競爭、喜歡與人對着幹，對於自己的想法，顯得有點頑固，所以多以強硬的手段，將自己的想法，加諸於他人身上。當然他們會是有理想的人，可是那些堅定不移的信念，尤其是他們以競爭為樂的心態，會使一切事情僵化，他們應該需要一些同路人，才能互相明白。

字形呈圓形的人，剛好與「起角」形狀的相反。就如圓形那樣，圓滑是他們的溝通強項，寫圓形字的人，大多通情達理，為人親切，又樂於助人，所以有不少朋友。他們喜歡被接納的那種感覺，討厭爭拗，不過卻較容易受人影響，當圓形字人遇上圓形字人，他們會有無盡的話題，因為骨子裡，大家都是喜歡說話的人，閒聊是他們的強項，兩人碰在一起，互相影響，也互相地依靠着。

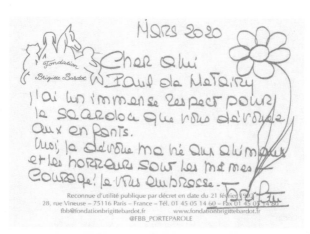

至於寫出來的字較四方的人，正如四方形一樣，做人較有規範、多守規矩，所以對於他們而言，規矩、紀律是很重要的。方形也代表了天地中的地，那是被我們踩在腳下的，而他們的想法也比較實在，注重腳踏實地，不過最重要的，還是有規又有矩！

而線狀字的人，他們大多思路敏捷，腦袋的思考甚至比他們的手更快，亦正因如此，筆跡「被迫」變成線狀。不過，請不要誤會線狀字只是像一條線，其實潦草就是線狀

...gises working in applied...

...ude of services, too many to fully...

...ogists working in Corrections may att...

...mates including, Screening, Psycho...

...herapy, anger management, crisis m...

呈方形的字

...e measured...

...ted. Upon making this discovery,...

...Eweka!" and then ran naked throu...

...at many important discoveries...

...And even then, ~~Colin~~ Colin very...

...important discoveries, so he asked...

...got home that evening.

呈線狀的字

68

字的代表。寫線狀字的人還較懂得隨機應變，有着多才多藝的潛能，他們求變心切，所以請不要批評他們沒有耐性，他們沒空跟你討論。對他們而言，往前衝、抓緊思想的尾巴，最為重要。

看到這裡，你所寫的字，會是哪種形狀呢？字形相似的人，有着相近的思考模式，談起話來想法相近，也更容易猜想到對方心意，行動步履較一致，所以比較容易成為閨密。你的身邊，有與你寫字相似的潛在閨密嗎？

租來的
姐妹

翻開報紙，我們不難看到各類型的租賃廣告：租車、租樓、租寫字樓，甚至乎樂器、衣履與傢俬等等。不過在日本，以上的租賃廣告就會變得平平無奇，因為當地甚至連家人、女友也能出租。這些服務讓寂寞的單身族自我感覺圓滿，把埋藏在枱底的自信放上枱面，讓同枱吃飯的人看到熱騰騰、鬧哄哄的一刻，僅此而已。

看到「出租姐妹」這個詞語，或許讀者會與我一樣，以為又是出租家人的其中一個選擇。不過我要告訴你，「出租姐妹」這個身份有特別的意義，雖然她們與出租家人一樣是收費作伴，但她們所執行的任務卻殊不簡單！因為她們

要面對的人，正是「蟄居族（Hikikomori）」。

「蟄居族」一詞源於日本，是指長期宅在家中，不上學、不上班、斷絕與外人交往、完全自我封閉的人。有資料顯示，在日本，「蟄居族」約有 100 萬人，當中大約八成是男性，聽說最長的蟄居時間竟達 15 年之久！在長期不對外溝通的情況下，他們的性格或會變得孤僻，甚至對社交生活產生強烈的焦慮與恐懼，所以當中有些人會選擇在白天倒頭大睡，晚上才「打機」、看書或看電視。

為此，社會上出現了一些非牟利機構，提供「出租姐妹」服務，目的就是與「蟄居族」溝通，協助他們重新融入社會。但所謂說易行難，面對着這群話也不多說一句的隱閉青年，「姐妹們」要做好這份工，絕不容易。

想想看，「蟄居族」惜字如金，姐妹們要讓他們說話似乎非常困難，若自己滔滔不絕地在蟄居族的門外做一個孤獨的演說家，又恐怕惹人討厭。那麼，要成為「出租姐妹」需要有哪些性格特質呢？

據提供「出租姐妹」服務的機構說，他們希望「出租姐妹」

是以一位大姐姐的身份出現，通過分享生活經驗，帶領蟄居族走出家門，所以和藹可親的母性、具忍耐力，及心思細微的個性是必須的。

這類人的筆跡有什麼特徵呢？她們的字體高度一般不多於9毫米，寫字的力度屬中等，英文字的字形看來較圓，而中文字筆畫中的轉角位也呈流線型。字與字的距離較近，估計約有兩個英文字母的闊度。另外，標點符號也是清楚易見的。

此外，她們寫在白紙上的字，每行的底線也大多會形成一條直線，字的斜度在 90 度左右，有部分筆畫相連，也有部分是一筆一畫並不相連的，這代表責任心與機智靈巧的特質，以及有穩定的情商和耐性。

「出租姐妹」的筆跡

「姐妹」在最初接觸蟄居族的日子裡，很多時候都不會得到蟄居族的回應，所以要懂得隨機應變，適時改變溝通方式，也要有穩定的情商，因為「姐妹們」雖然很努力與蟄居族溝通，但總不免會遇上那種被拒之千里的情況。曾經有這樣的個案：一名蟄居族每每聽到房外說話的聲音，便會在房內拍打物件以示不滿，「出租姐妹」於是改以書信溝通，分享生活點滴。數月之後，她終於收到了對方的回覆，這便是一個成功的例子。

一「墨」相承

1.13

兩張分別相隔 20 年的手寫明信片，記錄着一個家庭的故事。

一張是由英國高爾半島奧克斯威奇（Oxwich）於 1975 年 6 月寄出，而另一張則於 1995 年 6 月由希臘克拉尼蒂（Kranidi）寄出，兩張明信片的收件地址一樣，只是收信人的身份分別是女兒 Christine 與父母史密夫婦（Mr and Mrs Smees）。

明信片上所寫的內容，只是簡簡單單的記下了各人在外的旅行點滴，看似很普通，相信很多旅客都喜歡在外地旅

行時，將當地的明信片寄給朋友，又或是寄回家做個紀念。那麼 20 年前，甚至是 40 年前，你收到的明信片還在嗎？

若在兩年前問問作為女兒的 Christine，我相信她大概也忘記了，她曾經於 1995 年寄出過這樣的一張明信片。只是在父母年紀老邁，相繼離世後，才偶然在父母的遺物中找到。原來早年父母與女兒各自外出旅行時，都會記掛着對方，所以分別寄來了寫滿旅遊點滴的明信片，重溫內容，自然心有戚戚焉。

長大了的孩子，多期待着將來，忙着為前路奔走，家就變成了後援之地。在家間中稍作歇息，又再前行。年少時曾經與父母度過的快樂時光，或許已放在不太重要的位置，只在偶然間想起。而成就了孩子的父母，多留着子女過往成長的一點一滴，成為自己的寶物，珍而重之，這就是父母與孩子之間幸福的印記，於若干年後，才被孩子發現。

而我要告訴你的，是在筆跡中，看到父母與孩子的一「墨」相承。當然，我無法從 Christine 父母所寫的明信片上，看出那筆跡究竟是 Christine 的父親還是母親所寫，

始終我們並不能從筆跡去認清書寫人的性別，不過我們仍可以看到父母對 Christine 的影響力。

印度班加羅爾耆那大學（Jain University, Bangalore）法證科學學系，於 2017 年發表了一份父母與子女之間筆跡特徵的研究報告，研究人員發現，父母與子女在寫字時，在起始筆畫（Starting Stroke）的形態上最為相似，當中又以父與子的筆跡最為相似。

起始筆畫是指在寫字母主體之前的筆畫，即最初下筆時的額外筆畫，主要顯示了書寫人如何處理不同的問題，或者如何面對當前的情況。這與孩子在成長期間，父母如何以身作則地訓練他們有關。家庭的影響力與父母的角色十分重要，而最初學習寫字的孩子，除了遵循習字簿（Copybook）練習寫字外，他們同時會模仿父母的筆跡去寫，因為在成長的最初階段，父母便是孩子的全部。大概到了青少年時期，孩子漸漸有了自己的獨特個性，不過年幼時模仿父母寫字的模式，亦因長期練習而自動成為習慣，父母對孩子的影響力，依然存在。

細看 Christine 父母寄給 Christine 的明信片，所寫的字，

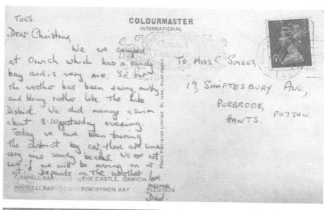

Christine 父母寄給 Christine 的明信片

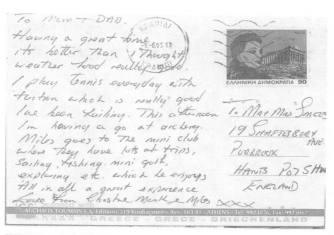

Christine 寄給父母的明信片

大部分沒有額外的起始筆畫，此外，小楷英文字母「t」與「h」的連結方式特別相似，這代表書寫人比較果斷、直截了當、為人獨立且忠於自己。

再細閱 Christine 的筆跡，同樣地，也沒有額外的起始筆畫，小楷英文字母「t」與「h」也是用相同的筆觸線條聯繫着，從寫字的斜度、字速與寫字的大小，表現了 Christine 較父母更勇於表達自己的想法與情感。

身為父母的，你依然有留着孩子曾經親手寫給你的明信片、賀卡或家書嗎？身為子女的，你有否收過爸爸媽媽親手寫給你的明信片呢？還記得所寫的內容嗎？簡簡單單的生活記錄，其實正是一個血「墨」相連的幸福印記！

遠方的您
好嗎？

每逢大時大節，「家」的感覺總縈繞心頭。例如中秋臨近的日子，我們會四出張羅特色月餅，為家人與親友送上佳節祝福。已婚的朋友也大多忙着安排在正日前與家人聚餐。

一位學習筆跡分析的學生告訴我，每年中秋她一定要買一盒純正的蓮蓉月餅及一個紙燈籠，因為從小到大，外公過節時一定會送她這兩樣東西。即使她後來赴外國讀書，外公每年還是會不厭其煩地寄去，除此以外，還有每隔 10 天便收到的家書。

有年中秋，學生特意翻出外公某年中秋寄給她的家書。她對我說：「老師，我看外公的字力度甚重，看來他必定是念舊、重情重義的人，所以他一直寫家書給我，無論我在何地，每年都會送我月餅與燈籠。弄得我一把年紀，在他離世以後的每個中秋，都習慣買一盒月餅與一個燈籠給自己。我怕自己的情感影響了分析，所以特意把外公的手稿帶給你看看。」

外公的手稿是寫在「郵簡」上的，我相信現在很多人都不知道什麼是「郵簡」了，這也是「那些年」的舊物。（當年的「郵簡」包含信封、信紙和預付郵資，用來與外國通訊很方便。）我看在眼裡，十分感動，感動的不是家書的內容，也不是學生所說的寫字力度。我讓學生拿來紙筆，我告訴她，我讀什麼，她就寫什麼。

或許是平時工作太忙，我的記性並不太好，可是面對筆跡，卻總有點過目不忘的小本領。在我的記憶中，學生的字與外公所寫的十分相似，於是我特意讓學生按我所說的寫字，再讓她對比自己與外公的字，如此一來，她才驚覺兩者是如此的相似。

我們一切安好 中秋節快樂

雲一切順利·冇問題

健康要緊，只是工作有点煩

每日要番工，現時的情況就

要改變了 若有時間一齊吃個飯

最緊要身体健康 保重！

孫女的筆跡

冇好多同時間，他日若她要返工時
改變。我則要做多的工作。

我們現時一切俱無問題，各人亦均好，
叫她不用掛心。至緊要自己保重身體。

餘不多及 日後再詳談吧，

祝 樂業進步，一切如意，

外公 評上
24.9-90

外公的筆跡

見字如人

讀者們請留意外公與孫女所寫的「我們」二字，表面看來，外公所寫的「們」字較孫女所寫的簡化，不過，請細心對比兩人「們」字左邊與右邊垂直的一畫，共通點是右邊的筆畫均比左邊的長。同樣的情況也在「我」字上出現，所以寫出來的字傾向左。其實，「我們」的寫字樣式，暗示着兩人在一起時，有着不少美好的回憶，這些回憶一直住在各人的心房中，而思念的感覺，也間中溜走出來，寫於信中，一長一短的垂直筆畫，就像是爺孫兩人，互相倚靠着，縱使兩人相距千里，並不能隨時相見，但心還是走在一起的。

原來，學生由嬰孩時期起已由外公照顧。外公非常愛她，她甚至不曾親自拿過一次書包，所有事務全由外公包辦。從他們兩人的筆跡中，我看到了不言而喻的親密關係，或許更貼切的形容是「Bonding」。一般而言，我們從筆跡中可以看出父母與孩子的關係，盡心盡力照顧小孩，為下一代帶來的影響力，會在字裡行間透露出來。

真我本色

每個人與生俱來
就有着獨特的才能
找回心底裡的「我」
讓自己發光發亮
人生才最美！

Chapter 2

你有文青的
特質嗎?

因興趣與工作的關係,我收藏了不少與筆跡學相關的書籍,大部分是從網上選購回來的,有「中伏」,也偶有驚喜。其中一本讓我驚喜的書籍,是 A.J. Smith 的《應用筆跡學》(*Applied Graphology*)。它看起來只是普普通通的舊書,但翻開內頁一看,才知道這本書是 1920 年在美國出版的,即是說距離今天已有逾 100 年歷史,可算是一部「古書」。

更令我意想不到的是,書中介紹了中文字與圖畫的關係,並認定早在 5000 年前,中國已是世界上第一個系統化地建立文字的國家,這論述在外國筆跡書籍中是較少見的。

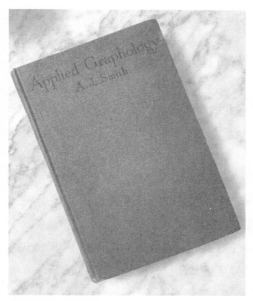

約 100 年前出版的筆跡書

was successfully

It is the f

*wanted to write you
but have not had*

從書中節錄的手稿

真我本色

這本書是教科書類別的筆跡分析書，所以書中有頗多篇幅介紹筆跡分析的基本元素、分析技巧，及作為筆跡學學生要知道的 15 項原則。當然，實際個案分析是少不了的。

有學生好奇地問我，舊時的人寫舊時的字，以 100 年前的字作個案分析，到今天仍適合嗎？

其實 100 年前的手稿看起來與現代人寫的分別不大。在分析筆跡的時候，我們要知道的是書寫人的國籍與年紀，然後預計書寫人學習寫字時，所用的那本習字簿的樣式。筆跡分析就是要找出你現在所寫的字與那本習字簿樣式的差異，而這個差異正記錄了你的過往與性格的形成。

《應用筆跡學》這本古代作品中，提及到文化修養和筆跡的演繹，正好藉此讓大家看看身邊的朋友，是否真正的文青？

談及文青，大家必然想到有藝術品味與志向、對文學興趣濃厚、敢於展現個性的人。他們所寫的字，大多優雅得體，即字要寫得美，寫大楷英文的時候並不造作，亦不能比小楷英文寫得短；版面布局要整齊，亦需有適當的空

間；最重要的是，所寫的英文字，必須要呈現出希臘文字的特點，例如大楷英文字母「E」，寫成像希臘文的「ε」。

除了希臘文的「ε」以外，有些人會將小楷英文字母「d」寫成如希臘文的「δ」的模樣，例如以下英女皇伊利沙白一世的手稿的「d」字。細看之前，或許你會有這樣的疑問，由伊利沙白一世出生至今，已過了 400 多年，剛剛說在處理筆跡分析時，我們要注意的，是書寫人在學習寫字時的習字簿，明顯地，400 年前的習字簿應該與現代的不同，如今的分析還準確嗎？

在這裡，我們將「d」看成一個符號，而不是和習字簿作比較，再說於伊利沙白一世的年代，習字簿上的「d」也

英女皇伊利沙白一世的筆跡（圖片來源：*Elizabeth I's Translation of Tacitus: Lambeth Palace Library, MS 683, The Review of English Studies*, Volume 71, Issue 298, February 2020, Pages 44–73）

不是如她那樣以反方向往左面寫的。下圖就是 1520 年習字簿中的字母，你看那個「d」的筆順與現今的寫法相若，所以能夠將「d」字寫成「δ」模樣的人，是有文化修養的根底與興趣。看看伊利沙白一世的背景，便可略知一二，她愛好文學與寫作，她在位的年代，是文化發展的黃金年代：話劇、散文及詩詞等等蓬勃發展，莎士比亞及弗朗西斯・培根（Francis Bacon），也是在伊利沙白一世統治下的著名文學家。

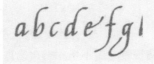

1520 年習字簿中的字母

由此可見，能將英文字母寫出希臘文特點的，是天生的文化藝術人。未有這些特點的，只能做後天努力的文青了，可以怎樣努力呢？不妨好好閱讀一下吧！

你有藝術
細胞嗎？

我看過不少父母，會安排孩子上畫畫班，希望藉此培養孩子的興趣，長大成人的我們不妨想想，年少的時候，有畫過畫嗎？喜歡嗎？

談到藝術，我們不期然會想到畫畫，但藝術的種類，又何止於此？視覺藝術、表演藝術、文學等等都是藝術的一種，所以說藝術本身所涉及的層面相當廣闊，並不單單是指繪畫一類。

若聚焦在繪畫藝術上，有藝術品拍賣公司曾提及，不少著名的藝術家都是在獨處的時間將自己的精神與感受灌注在

作品上，並通過獨處的空間，靜心感受身邊的一切，再以筆觸透過畫布表達出來。亦正因如此，我明白為何有繪畫藝術天賦的人，會在寫字時留下較闊的頁邊。以往我的筆跡老師告訴我，在紙張上留白是有藝術天分的表現，因為留白本身就是一種智慧，「不慍也不火」，容易讓人產生遐想，不同人或可將不同想法灌注在欣賞中，延伸出不同的韻味。

除此以外，筆尖流向紙上的墨水模樣，也是一個重點，這個說法聽起來未免有點抽象，對有藝術氣質的人而言，觀感是很重要的。同樣地，你的腦袋也希望通過筆尖壓在紙上的回彈力，感受一下，於是自自然然地，筆尖留在紙上的時間會稍長，稍長的意思是可能只是零點幾秒，就足已讓腦部感受所需，所以，若用放大鏡細看筆跡線條，你會發現，線條的邊緣，會有滲漏出來的墨水痕跡。藝術要從心去感受，並留有餘韻，這種態度是必要的。藝術家的字當然大多會出現我之前曾說過的希臘文字特徵，這代表藝術是有文化性、也帶着歷史意味的，而他們對帶有歷史意味的文化藝術，甚為欣賞。

當然筆跡有以上傾向的人，會喜歡藝術，亦有足夠能力去

欣賞藝術，只是要進行藝術創作，還未必有足夠能力，這還要有創造力的配合。創造力的表現，在於你所寫的字是否有足夠的「圈圈」？圈圈可以在字母的下區域出現，例如「y」、「g」的下區域，又或上區域出現，例如「l」、「d」的上區域，在上區域所出現的，又比下區域來得重要，因為創作要腦袋先行。下圖就是帶有「圈圈」的字，創造力較強的人，上區域與下區域會同時出現「圈圈」。

上、下區域都帶有「圈圈」的字

再看迪士尼創辦人華特·迪士尼的簽名，無論上區域、中區域與下區域都有圈圈，這代表了他的創造力可以從無到有，他也可從生活中獲得創作的啟示、並帶給人實實在在的歡樂，看過了華特·迪士尼先生作品的人，相信會深表認同。

華特·迪士尼的簽名（圖片來源：Wikimedia Commons, https://commons. wikimedia.org/wiki/File:Walt_Disney_Signature.png）

而喜歡電影藝術的人，筆跡又如何？請看看國際影星柯德莉‧夏萍的簽名。她簽名上的圈圈，集中在中區域，這代表她的創作靈感是從身上展示出來的，難怪她品味優雅。

看到這裡，大家也應該明白，寫字圈圈多的人，無論在創意或藝術欣賞上，都甚具品味！那麼你所寫的字，有藝術的傾向嗎？

你有一雙
攝影眼？

談到藝術，不得不提攝影。攝影藝術發展至今，原來已有 180 多年的歷史，而攝影技術亦在不斷進步。以往用的菲林相機，相機、鏡頭都比較重，測光錶、閃光燈、手提電箱，甚至菲林類別、沖印技術及相紙都有各種類型，讓整個攝影藝術更為複雜，加上攝影器材也不便宜，亦沒有什麼修圖軟件，拍攝成果的質素高低，就只能靠攝影師的一雙「攝影眼」。

我很榮幸有機會得到香港一位著名攝影師的手稿，這位攝影師善於捕捉人物，在沒有數碼科技的幫助下，仍然能拍出風格獨特及高水準的相片，可以說是「前無古人，後無

來者」。與她談及人物主題的相片時，才得知每一張相片都得來不易，真是有血有汗，原因是拍攝時要花上數小時來等待，在不經意的情況下，就是那「一刹那」，捕捉了人物的獨特氣質，加上使用不同背景、光源及腦中的構思，再配合 28 毫米的廣角鏡，將簡單的人物拍攝，變成了一個故事，通過一張相片表現出來。

那麼一對「攝影眼」是如何育成的？還請看看她的筆跡。

攝影師的筆跡

原稿上所寫的字，幾乎填滿了紙上所有的空間，但又與一般喜歡將整張紙填滿字的有所不同，原因是這篇筆跡，一筆一畫，全是連筆，但字與字之間，又各自獨立。我們分析中文字，多從方形的角度去看，因為中文字多是四四方方的，這裡用中文所寫的字，大部分都沒有「硬邦邦」的模樣，看上去甚具曲線美，再加上筆畫粗幼有度，力度雖然屬平均水平，但看起來嶙峋、有力。整張紙雖被字填得滿滿的，但在黑與白的比例上，完全沒有那份壓迫感，反而多了一分溫文爾雅的陰柔。寫出這樣字形的人，有審美眼光，他們的外表、裝扮也有不經意的優雅，為人雖有傲氣，但情摯貌慈，對人對事，甚有耐心，觀察力與判斷力也強，喜歡從細微的事物和動作來觀察別人，善於揣度他人的心思，也有很強的表達能力與分析能力。雖然她是一名攝影師，但原則上，能寫出這種筆跡的人，理應也善於書畫，思路極其敏捷，俗一點說是「轉數」甚快，且遊走於理性與感性之間，堅持但不執着，亦正因如此，鏡頭下，對黑白光影有着非一般的細微心思，成就着大師級的「攝影眼」。

運動是你的原動力？

不說不知，香港人對運動是非常熱衷的。每年參加渣打銀行舉辦的馬拉松賽事的報名人數有增無減。而另一項，亦甚受香港人熱愛的運動，就是單車，香港單車節的參加人數亦是每年遞增，我參考了一些網上買賣平台的數據，發現在 2020 年，香港單車銷售量高居首位，一共售出了約 4 萬輛單車，而馬來西亞雖然人口比香港多，但銷售量只有 1.8 萬輛。以往香港亦有舉辦不少有特色的國際性運動賽事，例如短道游泳、維港泳、環球帆船賽、馬術大師賽、棒球、世界場地自由車、ING 挑戰賽、七人欖球、六人木球、五人冰球賽、龍舟，以及為香港人而設的全港運動會等。未知以上提及的運動，有沒有一些是你所喜歡

的？你愛運動嗎？若你現在只喜歡享受冷氣房的舒逸，有想過自己其實也有運動潛能嗎？

以寫字的比例來看，將下區域寫得特別長的人，先天來說，應該是有運動潛質的，但潛質歸潛質，不少人寫起字來，下區域部分較長，但還是沒有運動的動力，也喜歡躲在冷氣房，那是什麼原因呢？

在此，我會多問一句，未知讀者們有否留意到，不少關於運動的廣告，都與「能量」這個主題相關，用之於筆跡分析上，我們關注的便是寫字的力度，力度與運動走在一起，是再合理不過的組合。寫字有力的人，對每件事情都能全情投入，運動亦如是，因為寫字的力度是能量的表達，所以寫字力度較輕的朋友，對於運動，是沒有那份狂熱的。

下圖是一名田徑教練所寫的字，過往她曾多次在不同的長跑賽事中獲得獎項，其中包括香港 UTMT 171k 山賽、香港 Trans Lantau 100k 山賽、韓國毅行者等等，看到她的手稿，你一定會見到，如之前所說的「較長的下區域」，寫字的力度，當然不容懷疑。我請各位再細看那長

且直，又有力的垂直筆畫，再加上頗快的寫字速度，與不少向右方延伸的橫筆畫，看得出來這位運動好手，意志力甚強，做事努力不懈，非達到自己的目標不可，難怪她是「非一般賽事」的得獎跑手！

The State of Perfect Enlightenment

Take no note of what others say about you, just know what you are doing.

Buddhist teachings tell us: Do not turned around by circumstances but rather, turn the circumstance around.

For practicing Buddhists, our primary goal is the attainment of Enlightenment (or Buddhahood). However, we often fall into the trap of allowing ourselves to be carried away by how others see and treat us instead of focusing on what we should be doing. This is no different from subjecting ourselves to a life of manipulation by the 'sights' and 'sounds' around us. To put it bluntly, we are willingly offering ourselves to be like a cow pulled by the nose.

Buddhism is about wisdom: It teaches us how to nurture and develop wisdom within us. This can be achieved if we are able to stay focused and calm, constantly bearing in mind correct thoughts, and be fully aware of what we do at all times. Only by keeping to this path can we justifiably call ourselves 'true cultivators', the name befitting real Buddhist practitioners.

多項山賽得獎者暨田徑教練的筆跡

除了剛才的手稿，我還找來了另一位長板選手的手稿。這位選手於國際長板賽事中，排名在前 15 位之內。從他的手稿上看，我們不難發現，下區域比較長，但上區域也不短，此外，文中有不少幼細的連線，例如第二行「shop」的「s」及「h」之間的連線，而且寫字的速度頗快。由此看來，運動確實是他的強項，只是他喜歡的運動特徵，不是如山賽運動員所需要的意志，他要的是速度，也要用腦，「轉數」甚快，就正如他所選擇了的長板，尤其是 downhill 競速。長板所追求的是速度，尤其是攻彎道，沿斜坡而下，據他所說，衡量速度是要自己去感受風速，再用腦計算，所以很複雜。所寫的字下區域較長，反映他會選擇適合自己性格的運動項目。

於國際長板賽排名前 15 位的選手的筆跡

除此之外，原來一個人的簽名，也與運動息息相關。
於 2015 年，俄羅斯總統國民經濟與公共管理學院（The
Russian Academy of National Economy and Public
Administration under the President of the Russian
Federation）職業治療系及 Special Mordovian State
Pedagogical Institute Named after M.E. Evseveva 心理學
系及體育學系進行了一項有關得獎運動員的心理實證研
究，研究項目之一，是得獎運動員的簽名分析，結果發
現，得獎運動員的簽名有下列特徵：

● 簽名較大，佔據了大部分可以簽名的地方。
● 比較名與姓，名字的首筆畫較長，而且比其他筆畫突
  出。
● 簽名的最後筆畫也較長。
● 重視垂直筆畫，看起來有力，也有節奏感。

這樣的寫法，代表書寫人有很強的自尊感，十分重視自己
的表現，要有優越感，甚至乎有超越自己的傾向，然而，
這份「超越」並不是空想，而是會投放持續不斷的努力，
那需要耐心與完全投入的能量，目的是要得到世人的注
視，讓人另眼相看。

看過了俄羅斯這份實證研究，你有同感嗎？若你有相近特徵的簽名，那就恭喜你了，雖然我們並不是一定要在運動場上分個勝負，但對自己能力的那份認同、對事事投入的耐心及自尊感，是我們生活的原動力，無論你喜歡運動與否，還請各位為生命而努力！

大愛的
醫護

早前在某醫院的急症室逗留了大半天，原因是家中長輩身體不適。當時，急症室遇上數件緊急搶救個案，輪候時間比平日長，等待時難免想東想西，卻只有心動，不能行動。那倒不如改改心態，活在當下，留意當下的一刻、眼前的一切。

急症室有醫生、護士與其他醫護人員，再加上病人與家屬，川流不息，大堂內未有一刻停頓過。醫護人員快步穿梭於不同的治療室，急症室大門外往來不息的是救護車，一會兒是白色，下一次可能是黃色，已經不知往來多少次。在差不多黃昏時分，又再次遇上早上送我們到醫院

的救護員，點過頭快速的打過招呼，心裡在想：「對！依然是我們。」等待是漫長的，需要耐心，但只要你坐着看看，定會明白醫護的辛勞與偉大。負責搶救的人在忙着，緊張嗎？至少氣氛相當緊張。

另一邊廂，醫護人員亦同時需要處理非緊急個案，以及病人及家屬的情緒。始終等待又無所事事的時候，是很容易讓人產生厭煩情緒的，於是你不難看見：初步包紮了的病人，在等待期間偷偷拆去繃帶，然後走到護士站，說傷口包紮得不好，又再流血了，應該要優先處理；又有病人要取「鴨仔」小解，實際上是想吐出血沫等，結果醫護人員又要多做工作。因為病人不說實話，又不聽醫生指示，最終影響了自己與他人的治療。

與此同時，亦有等得不耐煩的病人，不斷穿插於不同的治療室，要醫護先處理他縫針的傷口。他的道理是：醫護不懂管理之道，先做簡單工作，即可解決人流阻塞的問題，急症室的空間又可以馬上騰空出來，結果醫護人員冷靜地回一句：「這裡要處理的是搶救生命！」

很多時候，我們不在意地從自身的角度出發，並沒有考慮

或意圖理解外在環境的情況，甚至覺得其他人做得不好、做得不對。在筆跡上，這類朋友所寫出來的英文筆跡，大多是中區域特別大，例如小楷英文字母「d」或「g」，圓圈部分寫得很大，相對地，「d」的垂直一筆則寫得很短，又或「g」的下半部分的鈎也很短。舉個例子，較容易讓你想像到的，是一些在歐美地區成長讀書的人，他們的字大多中區域特別大，這正是教育模式不同所產生的差異。

寫這類英文字的朋友，他們的思想重點多放在自己身上，勇於表達自己當下的想法與意見，卻欠缺對其他人與環境的周詳考慮。「我覺得」、「我想」、「我要」是他們常用的語言，有錯嗎？說話直接的人其實是蠻真實又可愛的，只是在某些環境下並不適合。

說回急症室的醫護人員，他們須同時處理多項任務：搶救、治療、處理病人與家屬情緒……相信這並非一般人所能處理，少一點愛心也不能做到。

談到「愛心」不得不提的是諾貝爾和平獎得主德蘭修女（Mother Teresa），德蘭修女 18 歲投身傳教工作，30 多歲立志進入貧窮世界，服務那些得不到愛及被遺棄的一群

人，於是她到訪貧民窟、訪尋露宿者、患病的老幼，不辭勞苦地親自照顧他們，從沒間斷直至她 80 多歲離世為止。那些大愛的故事片段，見證着這位充滿慈愛的人。教宗在她去世後，將德蘭修女冊封為聖人，足見她身體力行地將愛帶給最貧苦的人，我特意找來了德蘭修女的筆跡，和讀者分享一下，滿有大愛的人所寫的字是怎樣的。

Cara Dolores Puthod,
i tuoi disegni sono bellissimi - Dio ti ha dato un magnifico talento - usalo per la Sua gloria e per il bene dei poveri - questa è la mia preghiera per te. Dio ti benedica. M. Teresa

德蘭修女的筆跡（圖片來源：Wikimedia Commons, https://commons.wikimedia.org/wiki/File:Dolores_Puthod_-_un_biglietto_da_Madre_Teresa.jpg）

從她的筆跡所見，字是向右斜的，寫的字用上了潦草，部分字母連在一起，也有部分並沒有相連，字的底線看起來呈杯子狀，部分的「a」、「o」是沒有閉合的，這表示書寫人既仁慈，又有着同理心，能想他人所想，感同身受，照顧貧苦大眾，這並非因為同情，而是真情實意地，感他人所感，才獻出無私的照料，或許你會認為，我們不是聖人，現實始終是現實，也未必能做到如德蘭修女般的大愛，不過我想讓你知道，我剛才談及到的醫護，也在無私地為病人的生命，爭分奪秒地拼搏着，這不正是大愛的表現嗎？

談到醫護，我想大家會較為關注醫生的字，說到醫生的字，多數人會不期然地聯想到那些永遠讓人看不清的字，至於醫生為何會寫潦草字，我在本書最後一章，會再獨立解釋，其實，醫生在日常生活中，並不一定會寫潦草字，請先看下頁圖。

以下這篇字是由一位腦科醫生在百忙中抽空所寫的，特此感謝！這些字並非我們一般想像中的「醫生字」，若我不告訴你，這篇字看來與一般人所寫的，沒有多大分別，不過作為醫護人員，除了愛心以外，還有一些必須的特質。

當檢查的時候病人會被安排躺在電腦掃描儀器的床上，
然後被送進掃描機內。經過X光照射和電腦分析後，
產生一連串橫切面的影像。如有需要，病人在檢查
前需口服造影劑，或在檢查中替病人作靜脈注射
碘化造影劑以提升影像診斷質素。當檢查進行時，
病人必須保持靜止姿勢和聆聽清晰職員的指示。
兒科病人或需使用鎮靜劑，以保証影像清晰。

輕微副作用之症狀均屬暫時性及會自行痊癒，無需
特別治理。常見例子有輕微紅腫及痕癢、作嘔、
嘔吐、打噴嚏、咳嗽、熱暖感覺、結膜炎、流鼻涕等。

A simple, easy to follow checklist
After a doctor gives you bad news, do the following:

Remind yourself that he was trying to save your patient. He wasn't
surfing instagram or playing PUB-G like you were in the writing room

Ask yourself, if beating the doctor will bring your loved one back
If the answer is NO, don't do it.

Avoid bringing mobs to a hospital. There are other patients there too
Don't be selfish

Grief is a normal thing to feel so feel it. Entirely. Don't turn
it into anger. You are not a child.

Take a screen shot of this and read it to yourself every time
a relative is admitted to a hospital

醫生的筆跡

真我本色

以他們的筆跡來分析，我們可以清楚看見上、中、下 3 個區域，尤其是較長的上區域，此外，垂直或向右斜的斜度，清楚的字距與行距，字體大小約中至小，偶有連筆，「n」或「m」頂部或呈尖頂狀等等也較常見，這代表專業的醫護，除了那份同理心外，分析能力、溝通能力，與團隊精神也是必要的，不過幽默感也不能缺少，因為在繁忙又急促的工作節奏下，偶爾幽它一默，可讓自己更有前進的動力，亦為病人送上一點輕鬆的感覺。

春風化雨的
教育者

上一篇我們談過了富有愛心的專業醫護，同樣地，非有愛不可的另一行業，非教育莫屬，一棵幼苗能夠苗壯成長，需要合宜的滋養，成長中的孩子，也是如此，家中的教養，乃父母之責，只是父母多為生活而奔波勞碌，也只能在日間大部分時間，將子女交託給學校的老師。從孩子的角度出發，從有認知開始的最初 20 多個年頭，大部分與人相處的時間都在學校，除了同學與友伴外，老師的角色更重要。

我想跟各位分享一個我的學習故事，那一年，公開考試開考的前一個星期，我在學習上，遇到了不明白的地方，於

是我回到學校向老師尋求協助，老師聽了我的提問，淡然地對我說：「到今時今日，才有問題不明白，你考試合格的機會應該很微。」然後他就轉身而行，那一刻我只能無奈回家，幸好我還有點阿 Q 精神，也有點鬥心，問題最終還是得以解決，只是我明白了，老師也是常人，有些人會將工作只當成工作，但有些人，則將工作當成使命，用心去做。

近期我有一位跟我修習筆跡分析的老師，她告訴我，在她學校有一名學生在上課期間鬧事，於是放學後被罰到教務處罰抄，老師看到了學生所寫的字後，知道當天的他會鬧事，是因為背後低落的情緒，於是老師從原本嚴厲責罰，轉而真誠關心，自那一刻起，老師與學生「打開天窗」，開展了深情的對話，學生的態度也有很大轉變。聽到這裡，我的心裡十分感動，就在那「一念」之間，來了一個好結局。

自問在我的學生時代，曾遇過不少用心為教育以身作則的老師，外國有些關於職業輔導與指示的資料，也曾談到老師應有的特質，認為老師面對為數不少的學生，領導與組織能力是絕對不容忽視的，作為領導者，除了以身作則以

外，更要引導及啟發學生，使他們在學習過程中不斷探索，另外，為免學習過程沉悶，影響學習動力，適當的創意也是需要的，而耐心、社交能力與具彈性的手腕，亦不能少。

擁有一切特質的人看似很完美，該如何發掘？在筆跡上，大概會見到這些特徵。下頁的圖，這是一位中學老師的筆跡，看上去是整整齊齊的，紙上留有適當的空間，看起來從容不迫。每一行字都寫得較直，但又沒有死板與刻意的感覺。寫字時紙上空間的運用反映着一個人的組織能力。此外，英文字母 3 個區域較平均，字向右傾斜，字體有尖狀但亦帶點圓，更有圈圈，這類的書寫人在溝通上，很快能清楚事情的來龍去脈，能從他人的角度出發，即能為學生着想，並引導他們。

見過這篇筆跡，你或會覺得，這位老師寫得一手優雅的好字，給人一種有氣質、有內涵的感覺，只是那並非人人能做到，那豈不是很難找到理想的老師？請各位不必擔心，寫字最重要的是篇幅、版面的安排，而這是我們在有意識下可改善的。

There was no doubt in my mind that my friend was also extremely talented: his presentations were remarkably clear; he excelled in our interpersonal exercises; and he had an instinct for identifying what mattered most in a business case.

I hope you will not think me immodest when I say that. I, too, stood out from the pack. I retained from my soccer-playing days a sort of controlled aggression — not belligerence, mind you, but determination — and I harnessed this to my desire to succeed. How so?

I approached every class with utter concentration. My tenacity was frequently commented upon, with approval, by my instructors. However, my natural politeness and sense of formality, which had sometimes been a barrier in my dealings with peers, proved perfectly suited to the work context in which I now found myself.

當室內設計遇上
筆跡分析

看到這個題目，讀者或會想到不同品牌與設計師的合作。設計師與品牌投入各自獨特的靈感，一起製作限量商品推出市場，十分常見。但設計師與筆跡分析專家，兩個看似風馬牛不相及的行業，又如何扯上關係呢？

在迪拜，有一位有 30 多年經驗，獲獎無數，並曾入選英國 10 年來最佳設計師稱號的著名室內設計師妮基·比斯卡（Nikki Bisiker），就想到將設計與筆跡分析聯乘合作起來。她從英國請來筆跡專家愛瑪·巴克（Emma Bache）女士，協助她為客戶打造出一套個人專屬的設計。

比斯卡女士認為，客人在表達設計喜好時，大多因為要面對大量的設計圖片，所以很容易會忘卻自己原先的想法和要求，甚至不清楚自己想要的是什麼，相信讀者也曾面對過相似的選擇困難吧！最終，整個設計不得不由設計師主導。這樣一來，即使有一流的設計，也未必得到客戶百分百的認同。

比斯卡女士覺得，最佳的設計就是將屋主的性格、喜好、生活態度與作風融入其中，所以在某程度上，設計師必須了解客人的心理，可能是通過對話、他們的外表、衣着，找出其個性愛好。但為了更深入地了解客戶，她想到了從筆跡分析的方式入手，並以分析結果作為設計的基準，由此促成了這個「個人化」室內設計的聯乘。

通過筆跡分析，我們可以更深入地明瞭自己內在的想法與期望、對事物的愛惡、情感的需求、文化及生活品味等等；對外方面，我們也可以了解人與人之間的互動關係，以及對外在空間的需求，這一切正是比斯卡女士希望從客人身上了解的事情。

這樣的講法，說起來有點空泛，我請讀者先看看以下一份

屋主的手稿，猜測一下屋主的喜好吧！

手稿寫在 A4 紙上，大家看見屋主所寫的字體那麼大，不用多說，或會認為屋主必定是較外向又愛表達的人，既是這樣，屋主或許會喜愛較浮誇的設計吧！這樣的說法，有一半是對的：屋主喜愛與人溝通亦非常外向，只是其字形有較多曲線，例如小楷英文字母「i」頂上的一點，看似是小圓圈，感歎號也呈圈狀，這進一步顯示出屋主特別好客，很喜歡在家款待朋友。

從審美的角度而言，他並不放過任何細節，可以說他是一

絲不苟地嚴謹，同時希望在裝修設計的細節上帶有一點樂趣與幽默感，所以並不追求誇張的裝飾，反而喜歡細緻的手工藝與柔和色彩的配搭。再者，他寫字的力度不重，字與字之間的距離、紙上留下的空白邊緣都甚具穩定性，再加上誇張的大楷英文寫法，反映屋主確實有不錯的審美眼光，對空間的安排甚有要求。

設計師由筆跡了解屋主後，自然可將他的獨特個性展現在空間內，設計出一間帶有屋主個性的安樂窩。

單打獨鬥或是
團隊工作？

受新冠疫情的衝擊，不少上班一族要在家工作。在家工作省了點外出的交通時間，少了點與同事面對面的溝通，有些朋友樂見此安排，因為多出了的時間可以輕鬆一下，安排休閒活動，簡簡單單又過一天。保持樂觀正面的心情，對身心的健康當然尤為重要。

可是對另一些人來說，百無聊賴的時間多了，又要忍着不外出，反而有壓力，影響了身心健康。有朋友跟我說，還是懷念在辦公室上班的日子，至少下班後可以到酒吧跟朋友乾一杯，或是吃個晚飯，談談天、說說地，不亦樂乎！就算工作忙碌，總能找個時間感受不同餐館所帶來的新鮮

感，又或是吐一口悶氣，總之都比「宅」在家中好。在限聚令下，即使與同事下班後開視像 happy hour，各自在家拿着飲品 chill 一下，也沒有原有的輕鬆感，關掉了視像，心情很快打回原形。為什麼他們會有這樣的感覺？

這些想法並不難理解，只要看看他們所寫的字，便略知一二。就以下兩圖為例，讓我解釋一下。

字的排列密密麻麻

紙上留有空白

兩幅圖的內容是一樣的，但讀者們看出分別了嗎？兩圖也沒有經過裁剪的，上圖的書寫人在紙的左上角落筆，並沒有預留任何頂部頁邊的位置，看起來密密麻麻；下圖的情況剛好相反，四面的頁邊留有大量的空位，行與行之間也清晰地留有空間與分隔。驟眼看，下圖空白的地方似乎比黑色的字多，整體而言整整齊齊。所以兩者最明顯的分別，就在於書寫人如何使用紙上的空間，這個書寫行為正顯示着一個人對社交行為的態度。

在紙上寫得一點空間也不留的人，喜歡熱鬧與繁忙的社交生活，無論工作有多忙，總會找到時間與朋友吃個飯，閒聊一下。工作上，最重要的是有合拍的同事，「有伴」是工作上最大的推動力，所以你不難看見上圖書寫人所寫的字，字與字之間的距離甚少，要他們獨自「宅」在家工作，心態上確實是有些受罪，因為他們很喜歡說話。

若書寫人的筆跡如那幅留有空白的字，這正好表示書寫人有獨立的個性。在家工作、沒有工作夥伴的日子，他們依然可以將工作安排得妥妥當當，按時完成。多出來的時間，即使閒在家中也能自得其樂，畢竟他們最重視的就是私人空間與時間。也請不要誤會他們會躲在家中偷懶，因

為他們還是會將空閒時間用在有意義的事情上，讓自己達致身心平衡。

你所寫的字，是像上圖那樣的團隊工作型？或是如下圖那樣的獨立工作型？

群雄要有首
——領導者

商業社會千變萬化，也有着各種各樣不同類型的企業，要
突圍成為成功的企業，除了產品特色、創新技術與豐厚的
經濟資源外，首要的還是要有一位傑出的企業領導。以
研究領導力著名的美國學者華倫・班尼斯教授（Warren
Gamaliel Bennis）曾經說過：「管理者是將事情做對的
人，領導者是做對的事情的人（Managers are people who
do things right and leaders are people who do the right
thing）」，兩者不完全相同，層次亦有別，一般企業中稱
得上「管理者」的，為數不少，但依據班尼斯教授對領導
者的定義，能稱得上「領導者」的為數不多，究竟領導者
有哪些特質？在筆跡上又有哪些特徵？

根據以上班尼斯教授所說：領導者要「做對的事情」。何謂「對的事情」呢？先從自身的角度出發，若要你去完成一件事，你會考慮的是什麼呢？一般來說，我們會考慮手上有哪些資源，再以現有資源完成這件事。如果那一件事，是企業的盈利增長，我們或會思考，現在企業有多少間門市，該如何進一步推行市場推廣活動以增加銷售，這是對的，不過這只是「將事情做對」。

再換另一個角度，當我清晰地知道目標是讓盈利增長，但我考慮到目前只有 20 間門市，無論市場推廣的成績如何，增長還是有限，於是我環顧市場中類似的企業，再考慮公司的財務狀況與借貸能力，看看能否通過企業合併等等方式，為公司利益帶來更大的增長，而這就是「做對的事情」。這些領導者，較有遠見，能根據目標去找資源，在筆跡上，有遠見的人，小楷英文字母「t」橫的一筆多在垂直筆畫較高的位置，就如右方第一張圖第三行的「most」，此外，那橫的一筆，大多靠右邊，反映出他們有很強的推動力，困難二字似乎不曾在他的腦海中閃現過。另外，他寫的字頗為向右傾斜，字形呈尖頂狀，反映他絕對是一位甚有遠見的理想主義者，邏輯思維也很強，他很清楚目標和需要，無懼艱辛，向前推進，這篇手稿正

好演繹了領導者應具備的條件。

In support of Gluckman, London (1961:39)
concludes

"gossip is undoubtedly the most important
channel for constant reaffirmation of
shared values about behavior.

字向右傾，書寫人是很有推動力的 CEO。

以下幾幅手稿同樣也是來自 CEO 之手，有看到那個「t」字橫的一筆嗎？

ith the couple's first
found one that would
of care at Sardar

垂直筆畫有力，書寫人是甚有
幹勁的 CEO。

week we build upon what
skill and dexterity, until
Jedi Knight. At the end
be able to show off

筆速甚快，書寫人是
快人快事的 CEO。

I can see this in my own life
too. Noticed that business is
in your head. When you say

字向左斜，書寫人是
實事求是的 CEO。

真我本色

至於世界級領導的字，又有何特徵呢？下圖是英國前首相戴卓爾夫人的字，這封信上的手寫字，並不是太多，但還是不難看到超長的上區域與下區域，而且書寫的線條，以曲線為主，這表示她的計劃能力很強，也非常願意接受有創意的意見，不過大前提是，必須是能實際地執行，以及能預見成果的。

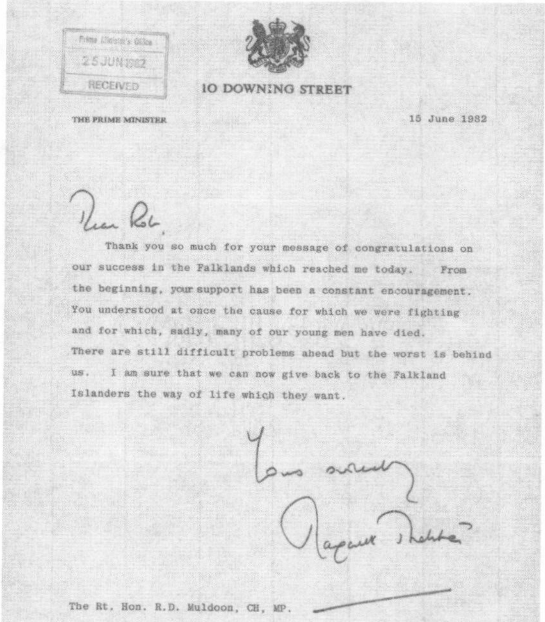

Prime Minister's Office
25 JUN 1982
RECEIVED

10 DOWNING STREET

THE PRIME MINISTER

15 June 1982

Dear Rob,

Thank you so much for your message of congratulations on our success in the Falklands which reached me today. From the beginning, your support has been a constant encouragement. You understood at once the cause for which we were fighting and for which, sadly, many of our young men have died. There are still difficult problems ahead but the worst is behind us. I am sure that we can now give back to the Falkland Islanders the way of life which they want.

Yours sincerely

Margaret Thatcher

The Rt. Hon. R.D. Muldoon, CH, MP.

英國前首相戴卓爾夫人的筆跡（圖片來源：Archives New Zealand, https://flickr.com/photos/35759981@N08/9035406057）

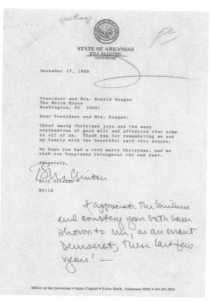

另一篇的手稿，屬美國前總統克林頓，與戴卓爾夫人所寫的有點不同，字母中區域與下區域較大，這樣的寫法，表達出他着重的是實事求是，傾向保守，亦不善於進取，凡事以穩健為主，不過他還是會從細節中尋求改變。看到這裡，你有以上領導的特質嗎？

從不是「小薯」
── 企業員工

企業除了領導以外,又怎能沒有員工呢?一人之力,永遠
不及團隊力量所帶來的協同效應好,古語有云:「各司其
職,各安其位」,不同的部門,又需要哪些員工的特質呢?

人力資源管理

曾經有位長輩跟我說,要找一份長青的工作,其中一個好
的選擇就是人力資源管理(HR)行業。原因很簡單,因
為不論公司大小,都會涉及招聘及資源管理,有人的地方
就需要 HR。有些朋友認為人力資源管理屬於較為清閒的
工作,不像銷售部的同事,要不斷追銷售量,亦不須加班

熬夜，只需處理日常行政事務。其實 HR 的工作不只這麼簡單，隨着時代變遷，他們除了負責為各部門招聘不同級別的員工，還要為員工提供各類培訓活動，更要促進員工的團隊合作，同時也要管理員工薪酬、福利保障、人事相關的政策以及相關法例的遵守等等，所以人力資源的工作，要周旋於有規有矩的法例，與無限變化的人事關係，絕非易事，既是這樣，從事人力資源工作的人，有哪些特質呢？

作為公司人事之間的橋樑，最重要的莫過於良好的溝通能力，溝通是雙向的，既要了解員工所需，也要站在公司的立場去想，少一點調解技巧也不能。對他人情感的感知也不能忽略，更要有的是解決問題的能力，從筆跡上，請先看以下兩份手稿：

Regard your good name as the richest
jewel you can possibly be possessed of —
for credit is like fire ; when once
you have kindled it you may easily
preserve it, but if you have once
extinguish it . you will find it an

人力資源管理者的筆跡，字體向右斜。

I am thinking If I should buy a cup of coffee from illy coffee shop again. I enjoy a relaxing moment with illy coffee. The coffee jelly with jam is exceptionally tasty there. I was thinking If there is a job offer from illy. I definitely will take it up. My friend always said my cv looks jumpy and it's hard for me to join them

人力資源管理者的筆跡，寫字速度較快。

字體一致地向右傾斜，較平衡的上、中、下 3 個區域，加上簡化了的筆畫，與看似連在一起但又未真正連在一起的字母，表現了善於溝通，有同理心與解決問題的能力，屬人事管理方面的能手。

從整體上看，上圖筆跡的底線稍微彎曲，加上有彈性的正中斜度，與下區域的比例稍長及快的字速，反映書寫人的「轉數」甚快，也具社交手腕，也是適合人事相關的工作。

行政

與人力資源管理較為密切的部門，可說是行政部，有些企業也會將行政功能與人力資源管理合併。但與人力資源管理不同的是，行政部多是負責企業的日常所需，不少人或會認為行政、後勤的工作，是可有可無，由辦公室清潔安

排至周年聚餐活動，看上去沒什麼貢獻。不過若有一天，辦公室內再沒有他們出現的話，你定會感到完全不方便，做什麼都不行，試想像辦公室的洗手間沒有廁紙，影印機沒有紙，茶水間沒有水，確實沒有重大的影響，不過你的心情，倒是會因此感到失落，最終影響到你的工作表現，所以行政的工作，還是需要有專職的人去處理。處理行政事項較強的人，筆跡較為簡單，就以以下首兩張為例，字母的中區域大多比較大，而且筆畫也很清楚，反映書寫人是較善於處理日常行政事項的員工。至於最後一幅圖，中區域很清楚，但明顯地上區域與中區域都較長，而且字體也較圓，字母的頂部也較平，若真的是要處理行政的話，也該屬管理層，因為書寫人有處理不同類型員工與執行制度的能力。

Both sites are active agricultural ...
agricultural zones in Hong Kong.
Repurposing these two pieces of land for develo
an international school would significantly
agricultural area. This would ultimately le
for agricultural purposes and consequently, to
local vegetables, impeding the opportunity for
...... local products. Share Petition: This

中區域較大，但行距比較混亂，反映書寫人雖能處理日常行政，但需要被指導。

, accountants are increasingly being cl
ir relevance, as many in the global
out 2020 as the make-or-break year
on track for a more sustainable future,

整齊有序，反映書寫人可獨立處理日常行政工作。

If you don't get when you want, you
suffer; if you get what you don't want you
suffer; even when you get exactly what you
want, you still suffer because you can't hold
on to it forever. Your mind is your
predicament. It wants to be free of change.
Free of pain, free of the obligation of life
and death. But change is law and no amount
of pretending will alter that reality.

中區域很清楚，上區域與下區域較大，字形較圓，反映書寫人具管理行政與人
事的能力。

銷售與市務

和處理人事相關的，還有銷售與市務。從事銷售及市務工作的朋友每天都要與數字為伍，要「追數」，我遇見過的銷售市務界的朋友，就連利是封上都要印「日日爆數」，可見真的不是每個人都可成為銷售員。而被認為是銷售員天敵的市務人員，又或者需同時兼顧銷售及市務工作的朋友，既要不斷出謀劃策追生意、推廣業務，又要與客戶互動，甚至負責品牌策劃、活動行銷、媒體溝通等工作，可說是要樣樣皆能。

從事以上工種的朋友，除了有專業知識外，在對人及對事方面，都需具備觀人於微的能力，還要反應快，要具創意，也要有超高水平的溝通能力，對於控制脾氣及情緒管理，都需超越常人。你認為他們的筆跡會是怎樣的？

下圖筆跡的上區域較長，字的圈圈長而闊，寫字速度快且具狠勁，字與字之間很密集，字體也向右傾斜，表達出書寫人善於交際應酬，對自己的想法很有信心，且有創意，是稱職的市務人員。

Newspapers developed in the 19th century, as information
sheets for merchants. By the early 19th Century many
offices in Europe, as well as North and South America,
published newspapers.

市務人員的筆跡，寫字具有狠勁。

下圖筆跡鬆緊有度，字母上、中、下 3 個區域比較平均，字體向右斜，字字清晰，書寫人有穩定的情商，有遠見更有計劃能力，溝通能力不容置疑，亦相當勤力，也是銷售與市務工作的人選。

下圖筆跡的中區域與下區域部分較圓，字與字之間的距離較近，表現出書寫人有良好的交際能力與創造力，創造力源於對生活細節及美學的追求，若在市務部工作的話，會是善於從實際角度進行創作的員工。

工程 / 資訊科技

推廣與銷售以外，產品本身才是最重要的，這涉及了製造行業，當中的工程部，可說是其中的重點，當然工程也分不同的類別，例如土木、機械、科技資訊、電子等等。一般來說，從事工程工作的朋友，分析能力與對數字的敏感度特別強，因為他們通常也要處理大量數據，然後計算，再將結果演示成有意義的資訊，同時也根據不同的數據，為產品進行革新，所以創意的思維與創新的態度，是工程人員不能缺少的。那麼工程人員的筆跡，是什麼樣子的？

下圖是一位正在修讀電腦工程學科學生的手稿，字身是長而窄的，字母「m」、「n」的頂部呈尖狀，小楷英文字母「i」字上面的一點剛好寫在垂直筆畫的正上方，字母之間偶有連筆，垂直的筆畫有穩定的節拍，反映書寫人屬機智的思考型，思維敏捷，分析力強，能在短時間內找到重點，有謀略，具創作思維，對自己的想法甚有要求，有工程人員應有的特質。

電腦工程學科
學生筆跡

下圖的字與上圖的相似，同是長窄形，垂直的筆畫很多，字體頗細，數字是清楚的，反映書寫人有分析力，為人做事甚為細心與專注，適合工程、科學研究或會計工作。

author was the professor himself. The year was 1919. The book was known on the campus in those days as "the little book." with the stress on the word "little." It had been

工程人員的筆跡，呈長窄形。

財務

財務可以說是一間企業的後勤，也可說是企業的最前線。先說後勤，一切企業活動的發生，源於資金的投與放，那是支出與收入的表現，財務的最基本活動，就是記錄收支，再匯報盈虧狀況。所謂的最前線，是財務的工作具有前瞻性，那是依據數據指標，再作出推測，甚至還要關注外圍市場狀況，從而為企業訂下未來指標，始終股東關注的還是利潤情況，有見於此，財務人員必須有極高的數字敏感度，也要有足夠的分析能力，能演繹數字背後的意思，並能找出問題所在與提供有建設性的建議，而溝通能

力也不容忽視。以下的手稿來自於不同的財務人員，看看這些手稿有哪些筆跡特徵？

下方第一幅圖的字，行距、字距與斜度都相對穩定，垂直的線條較多，第五行「running」的「g」看似數字「8」，這就是對數字敏感度較高的字，觀察力與分析力強，適合處理要遵照程序與規範的工作。

The rabbit-hole suddenly goes down straight and Alice
falls into it. She falls very slowly and while she is
talking to herself she fall asleep. Suddenly she lands
on heap of sticks and dry leaves and the fall is
over. She sees the White Rabbit running in front of her
through a long passage and she continues to follow him.

財務人員的筆跡，行距、字距與斜度都較穩定。

See you stand at my bedroom doorstep
watch me lying on my bed
Try hard to sit up, to greet you
to run to you, but in vain
You look exactly the same when you left

財務人員的筆跡，上區域與下區域較長。

其實以上兩圖字頗近似，同是垂直線較多，字速快，中區域字體雖小，但也是清楚的。斜度主要是正中，但也有具彈性、輕微向左右傾斜的狀態。上區域與下區域較長，反映出書寫人心思細微，簡單的事甚少「走漏眼」，在工作上雖有立場，但還是會接受不同人的意見，懂得靈活變通，以切合他人需要，但亦維持應有宗旨。

再如下圖的字，字速甚快，有不少從中區域連接到上區域的連線，也有如數字般的英文字，字母之間多是相連，字字清楚，斜度雖是正中，但卻讓人有步步向前推進的感覺，反映書寫人是個有智慧且思路敏捷的人，做事喜歡親力親為，對工作有熱誠且有動力，凡事早觸先機。

不同部門，因應功能上的分別，需要不同特質的員工，以上只是簡單地分享不同工種的功能，讓讀者明白，每一個職位，都有其價值，走在一起，才能成就企業的經營，所以無一職級是「小薯」，在職的，請不要看輕自己的價值，共勉之。

Baiy Parker | Apr 30 2021.

drop, as noted in Project44, of "port congestion, and resurging global economy". the online cluded a timely look at the current state of

財務人員的筆跡，部分英文字如數字。

智者的思想
模式

有次在網絡上，看到數年前的一部電影——《想飛的鋼琴少年》（*Vitus*），故事講述一位智商高達 180 的少年維特具有數理、語言與音樂等多種天分，幾乎有成就任何事情的能力。維特父母希望維特能夠成為偉大的鋼琴家，並為他四出訪尋名師，母親甚至視栽培維特為終生使命，於是辭去工作，專心照顧兒子。但維特父母沒想到的是，這些「愛的行動」為維特帶來了沉重的壓力，他討厭在爸爸的朋友面前獻技演奏，寧願亂彈亂奏，甚至在鋼琴名師面前發脾氣說不想為媽媽彈奏，放棄學習機會，氣得媽媽七竅生煙。

有音樂天分的維特真的不喜歡彈鋼琴嗎？似乎並不是，他欠缺的是自主度，以及背負着父母期望的壓力。於是，在一次設計好的「意外」中，維特成功瞞騙所有人，從此扮演一個智商平凡的孩子，重過正常孩子的生活。面對再沒有超凡能力的維特，父母當然感到失望，不過唯一了解他的爺爺卻知道維特的這個秘密，並以身作則，鼓勵他追尋自己的夢想。

爺爺是個木匠，但他自小夢想成為飛行員，而且追夢的心從未改變。努力過後，爺爺最終因飛行夢而丟了性命，但他感受到平淡過後，達到夢想一刻的興奮，所以最終含笑而逝。維特受爺爺啟發，重新踏上音樂之路，為自己的生命而演奏，成為一名出色的鋼琴演奏家。

在我處理過的筆跡個案中，也有不少智商甚為不平凡的人。不過我要重申，筆跡並不能看出智商高低，智商是要通過一系列標準化的智力測試才能計算出來的，我們只能從筆跡看到書寫人的才智狀況。說到這裡，你必定會問：既是這樣，為何你會知道客戶的智商？這當然是在我為他們解釋筆跡報告後，他們告知我的，以此確認我所寫的報告內容而已，不過我還是想跟你談談，智商較高的人所寫

的字有哪些特點。

一般來說，他們有着非凡的觀察能力與極強的專注能力，所以他們所寫的字非常小，高度約為 6 毫米以下，不過字字細小，並不代表所寫的字模糊不清、要人猜想，他們的字反而是非常清晰的。這類人做起事來有自己的想法，非常注意細節，務求事事完美，定要尋根問底，所以在中文字形中多出現角狀，小楷英文字母「m」與「n」的頂部多出現尖頂狀，這也正是我在《原來筆跡藏着心底話！21 堂成長必修的筆跡課》一書中提及的「求知探索型」的人所寫的字的樣式，只是他們的字還更清楚與細小；反映書寫人的觀察能力與專注能力甚強。

求知探索型人的筆跡，字體細小、清楚易讀。

求知探索型人的尖頂字

不過字寫得細小的人，大多數也很內向，這也是合理的，他們關注的是自己專注的事情，對社交並不太重視。也許，與同齡的朋輩相比，他們有着較成熟的想法，與朋友來往始終有點格格不入與疏離，所以我們不難看見，他們的字與字之間還是有一點距離的。

《想飛的鋼琴少年》中的維特，兜兜轉轉還是走上音樂之路，不同的只是在於「被安排」還是「讓自己自由探索」，心境上明顯有兩種不同的層次。探索過程中所獲得的滿足感，對「求知探索型」的朋友來說是無可取代的，你的身邊，有這樣的朋友嗎？

機會是留給有計劃的人

人生匆匆幾十年，由踏出校園的一刻起，我們就開始了漫長的事業之旅，從朝氣蓬勃、陽光燦爛到流金歲月，也差不多有半個世紀，你是如何度過的？年輕的日子，總有點衝勁，也許你也曾想過，或在朋友圈中聽過，年輕時代一鼓作氣地說：「要」成為專業人士、「要」成為管理層、「要」成為老闆、「更」要事業有成，只是一年又一年地過去，進展並不是太多，不過也比原地踏步好，再過些時候，心想還是現實一點，可準時下班，偶爾可放假旅行，大概已經心滿意足，有否想過這是為什麼？是原有的理想「離地」太遠？或是只有「想」，但卻從來動也不動？抑或是萬般虛幻，一切都隨緣？古語有云：「一日之計在於

晨，一年之計在於春，生命之計在於勤。」中國傳統的民間智慧與經驗，讓我們認識到，萬物之始，在於安排，也在於持續不斷的滋養，才能獲得豐收。回到繁榮的商業世代，若以為能守株待兔「等運到」，靠事業豐收運就可成功，倒不如實際點，好好為自己計劃一下！

成功是留給有準備、有計劃的人的，當然我亦聽過不少朋友說，他們每年都有計劃，只是因為各種原因，偏離原有的計劃航道，又或是遺忘了當初的「願望」，於是本着「阿Q精神」告訴自己：「等運到！也是一個不錯的選擇！」各位可知道是什麼原因讓人產生這個想法？請先看下圖：

「等運到」的人的筆跡

144

分析這篇字，可見書寫人寫字的力度很輕，整篇看去，每行都是彎彎曲曲的，書寫人用英文字母小階「i」來形容自己，代表書寫人對自己缺乏信心。筆畫要知道寫字的力度表現着一個人的精力與腦力，如寫字那麼簡單的活動也不投放力量，可想而知，參與其他活動時所投放的心力有多少，至於每年計劃的實踐，也只是期待與希望而已。同樣地，「t」字橫的筆畫不穿過中線，也是光說容易，實行困難，因為今天的事明天做，事事都在拖延，某程度上可說是懶惰，既無心亦無力，如何推得動「計劃」呢？再者，「y」與「g」字部大圈在收尾時，明明應向上寫，卻變成迅速往下寫，明顯地，他想像着要達到面前的「成功」，會遇上很大的困難，於是「速速而逃」，結果成就了「等運到」的性格。

至於有準備又有計劃的人，筆跡又如何？請先看英女皇的簽名吧！

英女皇伊利沙白二世的簽名（圖片來源：Wikimedia Commons, https://commons.wikimedia.org/wiki/File:Signature_of_Elizabeth_II.png）

女皇的簽名頂部特別高，底部亦比中區域長，收筆時，她在自己的名字下加了一條橫線，顯然地，她是一個很有想法也很會計劃的人。對於計劃，她並不是光說，而是事事運籌帷幄，要做的事、要說的話與預期的影響，也必在她預計之中，所以她對自己滿有自信，那一條下劃線，表現了她對自己的表現感到自豪。

再看臉書（Facebook）創辦人馬克・朱克伯格（Mark Zuckerberg）的簽名。從他的簽名，你很難看出他寫了什麼，不過看看最後底部的兩個大圈圈，顯示了他的計劃不易被外人看穿，因為他會因應時勢，快速作出修訂，而且不讓你輕易察覺。

看過了「等運到」者，及有準備又有計劃的人的筆跡，未知各位對自己與身邊朋友的字有何看法？無論如何，請記

馬克・朱克伯格的簽名（圖片來源：Wikimedia Commons, Author: Mark Zucker berg, http://files.shareholder.com/downloads/AMDA-NJ5DZ/0x0 xS1193125-12-241917/1326801/filing.pdf）

着：機會與成功是留給有準備、有計劃的人！若發現自己的筆跡和上面所說女皇有「一線」之差，何不好好改善一下寫字方式？寫字是雙向的運動，既能從筆跡中讀出個性，也能通過寫字去改善自己，所以才有書寫療法的出現，所以與其「等運到」，倒不如踏實一點，好好為自己計劃一下，這才是成功之道。

也許你會埋怨地說：早早已經計劃好，但就是駐足不前，沒什麼進展，難道是因為「入錯行」？然而在現在的崗位，已經工作多年了，向前既不濟，欲向後退更是不能，那該如何是好？

讀過經濟學的人，大概會認識到何謂「沉沒成本」（Sunk Cost），沉沒成本是一些已產生，並成為了歷史的成本，對於新的決策，並無任何影響力，套用於你現在駐足不前的事業上，你認為的「不成功」，只是一個沉沒成本，若你願意讓自己改變的話，往後的日子才最重要，那麼你該做什麼？還有哪些更大的可能性？

手寫我心

一筆一畫所留下的痕跡
原來展示了內心的溫度
情緒壓力、心中顧慮
何去何從？

Chapter 3

活在壓力之城

在本章正式開始之前，請先看看下列 2020 年關於香港的數據：

調查機構	項目	結果
美國手機保安技術公司 Kisi	全球工作生活平衡城市排行榜「過勞人口比例」	在全球 50 個城市中，香港過勞人口最多。
美國分析網站 24/7 Tempo	全球 25 個最大生活壓力城市	香港排名第一
英國經濟學人智庫 (EIU)	全球生活成本調查	香港和巴黎、蘇黎世同為全球生活成本最高的城市。

信諾集團旗下信諾香港	「信諾新冠肺炎疫情的全球影響研究」—壓力指數	在 8 個信諾環球市場地區中，香港壓力指數最高。
嶺南大學社會政策及社會變遷研究中心和社會學及社會政策系	兒童福祉國際調查	與其餘參與研究的 35 個國家或地區相比，香港 12 及 10 歲兒童的整體主觀幸福感排名分別為最低及倒數第二。

處身於繁忙的香港，對於以上的調查結果，似乎並沒有多大的驚嚇，當然也沒有驚喜，每年的結果也大概如此。香港人似乎已經習慣了急速的步伐，要慢下來，只怕反而未能適應，再問問自己，這真的有問題嗎？又好像沒有，反正為了生活，都必須順應着大環境而行，壓力再大都要工作，我想這大概是香港人普遍的態度。

關注精神健康的香港慈善團體 Mind HK，談到了香港人的精神狀況，指出約每 7 位香港人，就有一位會因個人問題或社會壓力，經歷心理疾病的困擾，其中近七成半的精神病患者並不會尋求專業人士的協助，由此可見，精神健康確實是一個值得重視的問題。

早在 19 世紀初，國際上已有不少身兼筆跡心理學專業公會會員的心理學家與精神學科醫生，就筆跡與精神、心理的關係作出研究。近年的研究集中於了解以書寫行為改善精神狀況，中文書法練習就是其中的例子，作為英國筆跡專家公會的成員，我必須要指出，對於精神學科與心理學科，我們並不是專業，所有診斷與治療工作，必須交由醫護專業人員去做，筆跡心理學只是其中一個工具，協助專業醫護處理有關精神健康的問題而已，我們並不會就精神健康問題，進行獨立的診斷工作，這也是我們應有的專業守則。

其實，筆跡與精神健康，又有何關係呢？香港大學心理學系前系主任高尚仁博士，就中文書法練習與心理治療，採用實驗方法和認知科學的理論，進行了不少研究，引證了書寫具有改善思維、認知及情緒等等功能。我之前的作品《你有多久沒寫字？原來筆跡能反映你的個性！》內也曾談及過腦部活動與寫字的關係，例如以墨水所寫的筆畫，怎樣反映不同程度的精神緊張與情緒波動，而在我另一部作品《原來筆跡藏着心底話！21 堂成長必修的筆跡課》內，也介紹了一些改善身心的書寫練習方法。

負面情緒，
家的力量

以往一大清早，父母與孩子是工作的工作，上學的上學，各有各忙碌。待下班及放學後才聚在一起吃個晚飯，之後空出的親子時間，大多數父母又要為孩子的功課操心，晚了，又趕着哄孩子去睡覺。如此這般，過了不少個寒暑。

可是最近受疫情影響，父母在家的時間多了。過往在公司，總有一些安靜而私人的思考時間，就算工作多忙，也總有「MeTime」，下班回家後才需要照顧孩子。有朋友埋怨，留家工作比正常工作的日子還要忙，既要處理公司文件與視像會議，又同時被孩子嚷着，陪學陪玩，分身不暇。朋友笑說，像是同時間多了一份工作，比以前更辛苦。

少了「MeTime」，心裡難免增添壓力，產生不良的情緒。如果稍一不慎將負面情緒帶到家庭裡，那就不是簡簡單單「發脾氣」的問題，發展下去會引起矛盾與爭吵，在這樣的緊張氛圍下，孩子或會感到無助與不安，負面的情緒也會慢慢在家庭內堆積，影響家庭成員之間的關係。

在這種情況下，安撫自己的負面情緒是首要事項。但在情緒爆發前，我們可以如何觀察自己，從而減少對身邊人的不良影響呢？這時候，不如考慮看看自己所寫的字，從而了解自己的壓力指數。

那麼，我們該如何從筆跡入手，留意負面情緒的形成呢？

無論你認識筆跡心理學與否，當看到一篇手稿時，常常會很自然地給予「整齊」與否的評價，「整齊」其實是個指標，最重要的一點，就是所寫的每行字，其橫向、直向排列都很穩定，即橫看像一條直線，垂直的間距也穩定有序，這反映出寫字的人多是心境平和。有聽過練習書法能靜心嗎？就是這樣的意思。

而若書寫人帶有負面情緒與精神較緊張，相對「很整齊」

的情況，其每行筆跡都是彎彎曲曲的，波動有多大，情緒起伏就有多高；每行寫成往下斜的模樣，是較悲觀的表現。除此以外，也要多留意整篇筆跡中是否有刪掉與修改的地方，試想想，思路清晰，寫起字來也會字字順暢，若心緒不寧、精神恍惚，寫着寫着便會覺得不合心意，不斷更改。不過，觀察時另有一個重要條件，那便是要與書寫人原本的筆跡比較。

或許你會說，自己觀察自己寫的字，看來有點「精神分裂」，亦有點不切實際。若你有這樣的想法，我請你換個角色，做個觀察員，留意一下伴侶所寫的字，因為一個充滿正能量的家庭，正是由夫婦兩人互相體諒、愛護及滋養所形成的。

從筆跡看負面情緒的方法有很多，以上幾項是較易觀察到的，希望讀者能多加留意伴侶或朋友的情緒，簡單如聆聽或傾談，已是舒緩情緒的好方式。請不要看輕「家」的力量，家並不是一個讓你孤軍作戰的地方，用心感受，為彼此送上溫暖，常存愛意。有愛的家並不會計較得失，在這種正能量環境下成長的孩子，必定有良好的自尊感與快樂的心。

微笑背後的情緒鬱結

著名日劇演員竹內結子在家中輕生身亡，讓大眾關注起情緒健康的重要。一直以來，竹內結子經常飾演面帶笑容且心地善良的角色，外界一直稱她為「微笑女王」，甚至「慰問品女王」，只因她懂得關心別人，並經常送慰問品給劇組人員。

竹內結子與丈夫相交 10 年後結婚，2020 年才誕下麟兒，狀態似乎十分美滿。她在離世前，還開開心心地與家人吃晚飯，外人看來並無異樣。這讓我想起多年前的一位故人，其情況與竹內結子有點相似。他的嘴角常常向上微翹，永遠掛着陽光般的燦爛笑容，在朋友圈中，笑聲最大

的永遠是他。縱觀同輩，他年紀雖輕，卻常為人設想，事事也多行一步，更像是前輩般的智者角色，為大家排難分憂。可是在一個約好的晚上，大夥兒卻失去了他的消息，聚會後，兄弟到他家中找他，這位開心果卻走上了自己選擇的不歸路，實在令人不勝唏噓！

很多時候，我們很容易從一個眼神、一個面部表情，留意到一個人的喜怒哀樂。憑着與生俱來的關懷感，我們會自然地伸出援手，照顧或關心身邊那些有需要的朋友，可是我們往往高估甚至忽略了那些時常笑臉迎人的一群，其實他們也需要朋友送暖，時常往上翹的嘴角，偶爾也需要一點休息的空間。只是作為朋友，又如何能察覺到他們有這樣的需要？

意大利佛羅倫斯大學（University of Florence）與羅馬聖瑪麗亞自由大學（LUMSA University）於 2019 年刊出一份研究報告，主題是筆跡心理學作為評估抑鬱症的工具是否有效。兩所大學的心理學系研究人員與意大利當地筆跡專家合作，選擇了 13 位重度抑鬱症的病人，為他們做深入的筆跡心理分析研究，再與其他精神病學評估工具的結果作初步對比；之後，再增加 80 名抑鬱症患者作深入研

究。研究結果顯示正面，並確認筆跡心理分析可用作評估抑鬱症的工具之一，這是值得鼓舞的實證。

由手稿了解書寫人的心靈健康，也是英國筆跡專家公會文憑試考試的其中一環。我們會留意手稿是否有以下情況，以判斷書寫人是否帶有情緒鬱結：

● 每行最後的字往下傾或者有拖尾的狀態。
● 字與字之間的距離不平均且差異很大。
● 整體而言，所寫的字往下斜且每況愈下。
● 刪掉某些名字甚至自己的簽名。

以上狀況，向旁人提供了重要警示，是必須注意的。

每行最後的字往下傾斜，暗示了書寫人抑鬱的情緒。

微笑女王與陽光男生的故事，讓我們發現人們在笑容背後，可能藏着未能釋懷的心結。請多關心身邊的朋友，也請留意他們所寫的字，多一分了解，多一分包容與愛護，世界還是美好的。

快樂方程式

近年，我們不斷聽到「正向心理學」這個名詞，該詞源於
90年代末，由美國著名心理學家馬丁・沙利文博士（Dr.
Martin Seligman）的研究，沙利文博士認為心理學應該
讓人尋找快樂，締造有意義的人生，於是進行了「快樂的
科學」（The Science of Happiness）研究，並建立了「快
樂方程式」計算快樂指數，快樂指數是由天生快樂幅度、
生活環境和個人際遇，以及個人可控制的範圍變數組成。
從公式來看，天生因素對快樂與否有影響，但大部分因素
都是人可控制的，重點在於「自我」。沙利文博士認為，
若我們能夠找出自己的強項、長處、內在潛能等，再加以
發揚光大，並為自己建立正面的情緒，例如當遇上困難的

時候，作出正面思考，便能獲得真正的快樂，建立一個有意義的人生。

簡單地說，在沒有間線的紙上，無論你是由左至右去寫，又或是由上而下去寫，字與字之間會形成分行直線，有些人寫的字句會彎彎曲曲的，有的是往上斜，也有些是往下斜。姑勿論你是那種斜度，你在寫字當刻的心情，已通過筆尖在紙上呈現。想想看，心情激動的時侯，執筆也不穩，怎能寫出一行直線呢？心境平和，人也放鬆，自然能寫出排列呈直線的字。之後，我們需要關注的，是那一行字的模樣，樂觀又愉悅的人，寫出來的多會微微往上斜，而更需要我們關心的，是往下斜的字，因為那代表書寫人在寫字的一刻，心情也是往下的。見到這樣的字，我多會提醒書寫人，要記着將字寫成直線狀，更好一點，應該向上斜，因為我們不但能通過筆跡了解人的心情也可以通過改變書寫方式，改善自己的情緒，這是書寫療法的一種。

沙利文博士所提及的生活環境和個人際遇，雖然不在我們掌控之列，但我們可以改變面對的態度，包括常存感恩的心，即使偶爾遇上惡人，你還是可以感謝這個人的出現，讓你重新學習，更深入了解自己，這樣做看似不易，但對

I hereby authorize the principal
listed below to enquire and receive
personal account including my na
number, and name, business address
number of the related MPF tr
Mandatory Provident Fund Schemes

穩定的筆跡，代表書寫人心境平和。

The display was manufactured using a combination of
sheet metal and printed magnets. We sourced and
installed the 13.3" screens, and uploaded all content on to
SD cards. Assembly instructions were written in English, and
then translated into different languages of the countries

向上斜的筆跡，代表書寫人心情愉悅。

I go home by bus, Tray Collection Station
today is 12/5/2013, Tax examination on 22/5/2013
Management examination on 21/5/2013.
Not yet to paid the bill. Organization have weakness

彎彎曲曲的筆跡，代表書寫人心情七上八落。

有些人來說輕而易舉。通常而言，常有感恩之心的人所寫的字，以英文字分上區域、中區域與下區域來看，3 個區域的大小比例較為相近，字與字、行與行之間的距離亦較平均，寫出來的字比較有節奏感。若未寫到這個模樣的話，也不要緊，因為只有不斷學習，才能讓我們往前大步走，你還是有更多的可能，尚待發掘。只要你願意，明天一定比今天更好！

自戀有何怪？

在不少人看來，「自戀」（Narcissism）一詞帶着負面的意味，近年社交網絡的盛行，不少人對鏡自拍，努力將自己最好的一面在網絡上與公眾分享，這個行為叫「自戀」嗎？

過往有不少學者，就自拍這個行為，進行了研究，2013年，有學者將自拍這個行為稱為「社交媒體所驅動的自戀」，往後的研究也發現，不少自拍者，以自拍形象誇大自己的自我觀感，也有不少人，將自我價值，建立於社交媒體的社交留言上，今時今日，於社交媒體上出沒，已成生活常態。

愛美的人何其多，喜歡裝扮自己，又有何怪？自戀是容許自己隨心而行，是愛自己的表現，因為每個人天生就有着不同性格，各取所需而已，所以有着不同的自戀程度。

被美國精神醫學學會《精神疾病診斷與統計手冊（第五版）》定義為自戀性人格障礙（Narcissistic Personality Disorder）的人，主要是指在自我功能上及人際交往上有障礙的人。他們通常在沒有動機的情況下，將自己視為卓越、過分誇張又或是對自我評價過高，並因而對權力與成功有着無限幻想。在社交上，欠缺同理心，無視他人利益，認為自己有特權，其他人的地位不及自己，過分重視自己的重要性及需要他人的傾慕與崇拜等等。

在筆跡上，自戀的人所寫的字，會有哪些特徵呢？

2016 年，荷蘭格羅寧根大學（University of Groningen）、荷蘭庫拉索大學（University of Curacao）、荷蘭皇家藝術與科學學院（Royal Netherlands Academy of Arts and Sciences）及烏拉圭共和國大學（Universidad de la República），就簽名與性格關係進行了一個聯合研究，對象是 340 名大學生，研究結果指出，在賀卡上將簽名簽

得較大的女性，有自戀的特質，不過這個特質並沒有在男性的身上出現。

除了字大以外，在空間的使用上，剩餘的頁邊會比較窄，他們大多會用盡紙上的空間。字形上也一般有較大的圈圈，證明了存在感的重要性，也務求你一眼就見到他。

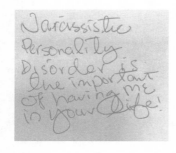

自戀者的筆跡

談及簽名，不得不提的是前美國總統特朗普（Donald Trump）的簽名，就是那個令人一見難忘、如心電圖模樣的簽名，外國不少筆跡專家也認為特朗普的簽名，除了字大以外，大楷英文字母特別長，再加上長而窄的頂部尖角，表達了那種戀上自己的傲慢感，似乎任何人也比不上他。

原來有好多個
「我」！

未知讀者們會否對多年前的一套美國電影《思·裂》（*Split*）有印象，影片講述患有解離症的男主角擁有 24 種分裂的人格，不同人格互相交替的驚慄故事，解離症並非常見，普遍人對它的認識或許來自媒體。

很多時候，我們會聽到「多重人格分裂症」（Multiple Personality Disorder）這個稱呼，其實早於 1994 年它已被改名為「解離性身份障礙症」（Dissociative Identity Disorder），簡稱解離症，改名的原因是為了更清楚地表示這個精神疾病的特徵。

最早有文獻記載的解離症個案是在 1815 年，患者是一名女士，於 18 歲開始發病，每次在第二人格出現後，她要昏睡十多小時，主人格在醒後發現自己的性情、記憶及筆跡，與未發病前的認知有很大的差距，然後發現另一個自己是確實地存在，她的主診醫生遂將個案在醫學期刊上發表。

美國精神醫學學會《精神疾病診斷與統計手冊（第五版）》將解離症定義為多於兩種或以上的人格出現在同一人身上，每種人格有其感知思想，也與環境產生各自的關係，在身份互相切換的記憶上，多出現健忘症狀。

解離症的患者，大多是因為受到嚴重的心理創傷，精神上出現嚴重壓力而未能處理，於是出現了不同人格作自我保護，在外人看來，患有解離症的人，生活看似甚有戲劇性，也偶爾被誤解，看作靈魂互換，對患者的社交生活、工作、家庭生活等各方面，有着負面的影響。

解離症患者的每個人格都有其獨特的筆跡。在上文所述 1815 年的個案紀錄上，記載了不同的筆跡在不同人格身上出現，單從筆跡的外形來看，已經有很大不同。美國精

神醫學學會也曾刊登過不少相關研究，顯示不同的患者，在不同人格出現時，會寫出完全不同的字，其中美國加州大學（University of California）也曾發現過，有患者的其中一種人格能寫出鏡像文字（Mirror Writing），而當時該人格是一位擁有多項天分與才能的人，盛傳由科學至藝術樣樣皆精的達文西，也是能寫出鏡像文字的人。

這樣看來，就算出自同一人的手，不同性格的出現，確與不同的筆跡互相關聯着，在筆跡心理學上，這是可以理解的。可是，要在法證中經筆跡對解離症患者的身份進行驗證，會有一些難度，美國法證文件審查員委員會（American Board of Forensic Document Examiners）的專家曾就解離症的個案作縱向研究（Longitudinal Study），依然證實，解離症的長期患者，書寫方式依然穩定，即是說，由不同人格所寫出來的筆跡樣式，依然維持該人格原本性格的模樣，並未有任何改變，法證專家正從這方向繼續努力，不過解離症並非普遍的精神疾病，影響並非太大。

「與常人無異」
的變態人格

看到變態人格（Psychopath，又稱精神病態）這個令人心寒的形容詞，我們不期然聯想到那些驚慄電影的情節：在一個夜深時分，神秘人在陌生的屋裡，進行四周搜索，為求找出尚有生存氣息的人與動物，繼而進行冷血式虐殺，這些場面的那位神秘殺戮者，必定是心理變態！

如果各位對「變態人格」有這樣的想法，我要告訴你，這似乎「想多了」！

有很多殺人不眨眼的殺人犯，都有着「變態人格」的特質，例如毫無同情心、冷血、對自己所做的行為找到無悔

意的合理性，但有更多擁有變態人格的人，他們看起來比正常的更正常，此話何解也？

美國精神醫學學會《精神疾病診斷與統計手冊（第五版）》將變態人格歸類為反社會人格障礙的一種；根據印度心理學期刊上的資料報告，在男女的比例上，變態人格者以男性居多，若以獄中囚犯的比例計算，當中只有 15% 至 25% 的囚犯，有變態人格的人格障礙特質，所以變態人格並不是犯罪者的專利。

加拿大著名犯罪學、心理學家 Robert D. Hare 認為，擁有變態人格的人，對感情並不理解，對他人並無同理心與同情心，也沒有責任感，不願意被束縛，但他們卻善於模仿及利用感情，並通過個人魅力、操控、脅迫，甚至以言語或肢體暴力，自私地獲取及滿足個人所需，漠視社會的規範或期望。在他們的字典裡，「良知」一詞，從來也沒有出現過，看到這裡，會覺得似曾相識吧？

其實，現實中有不少人擁有以上部分或全部特徵，尤其是「冷靜面對」的情感傾向，這在職場上甚為明顯。在公司大裁員的日子，那些手起刀落，長遠地為了公司的存亡而

冷靜地執行政策決定的管理層，還有冷靜地為公義而果斷執法的執法人員，以及拯救生命的醫護等等，均有以上部分特徵，所以變態人格還是有適得其所的一面。

至於是甚麼原因令這類人格障礙者變壞了，有研究曾經指出，變態人格者的腦部前額葉皮質，生來就與常人不同，亦因如此，他們特別適合做某些行業。與常人無異，變壞了的原因是成長期間的家庭生活與教養，所以成長期的正向教育非常重要，成善或成惡，源於教養的配合。

變態人格在筆跡上的表現會是怎樣的呢？在國際上，很多筆跡專家都認同，變態人格的筆跡特徵，並不能完全被歸納，原因是這個世上並沒有一個完全虛偽的人，更沒有一個百分百老實的人，敢問有沒有人夠膽公開承認從出生至今，未說過一句大話？又或是未說過一句老實話呢？相反地，善意的大話何其多，所以百分百屬變態人格的筆跡特徵，並不存在。

不過，印度的心理分析學界，還是提出了數項在變態人格者筆跡上常見的特點：將字母分成 3 個區域來看，中區域部分多較小且並不穩定，上區域與下區域很大，不同的

區域的斜度不同，看起來並沒有左搖或右擺的一致性，字速一般很快。總體來說，就是失去了一致性，這是可以理解的，因應成長期間，自尊感有所缺失，所以心底裡的自尊與自信頗為波動，為了那份自我存在感，會用任何方法、任何態度去為自己爭取最大的利益，這才能讓自己安心，而良知並沒有在脆弱的自尊上安穩地建立過，所以成長時期的教養，最為重要。

撲朔迷離的
百年懸案

大約在 130 年前的倫敦東部，於 3 個月內，先後發生了
5 次兇殘的謀殺案，這些案件有一些共通點：一、多發生
於周末的晚上；二、死者均屬社會中下階層，如妓女；
三、兇徒以亂刀殘殺死者，行兇手法極其殘忍；四、大部
分死者的腹部都被剖開，腸被拿出，並掛在屍身上，部分
內臟被摘取出來，並連同一封手寫信件寄給警方及傳媒機
構；五、兇手操刀剖腹的方法專業熟練。

以上的描述，看似熟悉吧！這就是英國著名的連環謀殺懸
案：開膛手傑克（Jack the Ripper），這宗案件已發生超
過百年，對於這位極度兇殘的兇手身份，眾說紛紜，不過

由於證據不足，案件一直無法偵破。在案件發生數年後，英國警方宣告停止偵查，雖然開膛手傑克的身份謎團無法被解開，但這案件卻成為了無數小說及影視作品的題材藍本，而開膛手傑克，亦曾被英國國民投票選為「在過往一千年的歷史中最壞的英國人」。

這件案件最受關注的地方，就是兇手在犯案後，親手寫信給警方及傳媒機構，而相信是由開膛手傑克所寫的第一封信，就用上了紅色墨水，以恐嚇的口吻告訴大眾：「他非常喜愛這工作，所以遊戲依然會繼續」。從筆跡分析的角度而言，書寫人選擇不同顏色的墨水去寫字，證明他心中早有盤算，不用我多說，你或許會想：紅色代表警告的意味，這不用專家多說吧！而我要告訴你的，是筆跡本就是反映我們日常腦海中的想法，所以對筆跡那種「心裡有數」的感覺是本能，只是未有留意或察覺而已。

再說回開膛手傑克所寫的信，我想讓大家知道的，是連環殺手跟一般的謀殺犯並不相同，雖然結果依然是「有人死了」，但一般情況下，連環殺手作出殺人的舉動，並不是因為一時衝動或某些具體原因，只是他們享受亦憧憬着，殺人那一刻所帶給他們的歡愉與刺激，為此，他們會好

25. Sept. 1888.

Dear Boss

    I keep on hearing the police have caught me. but they wont fix me just yet. I have laughed when they look so clever and talk about being on the right track. That joke about Leather apron gave me real fits. I am down on whores and I shant quit ripping them till I do get buckled. Grand work the last job was. I gave the lady no time to squeal. How can they catch me now. I love my work and want to start again. You will soon hear of me with my funny little games. I saved some of the proper red stuff in a ginger beer bottle over the last job to write with but it went thick like glue and I cant use it Red ink is fit enough I hope ha. ha. The next job I do I shall clip the ladys ears off and send to the

好計劃，希望將自己幻想的情景，付諸行動。他們所寫的字，頂部一般較長，字形與在紙上的排列相當整齊，整齊程度亦有可能出現具「操控式」的形態，於是所寫的字看起來有點造作的完美感，例如：極一致的斜度與大小等等。此外，他們寫字的速度亦較慢，正好配合頂部長長的字形，好讓他們能仔細思考每一個行動細節與可能帶來的結果，他們設計出滴水不漏而長遠的計劃，且可重複進行，所以他們絕對不是因衝動而犯事，也必定不是蠢鈍兒，反之，他們有着高度的智慧。

相傳是開膛手傑克所寫的明信片「The Saucy Jacky」（圖片來源：Wikimedia Commons, https://commons.wikimedia.org/wiki/File:Saucy_jacky_back.jpg）

翻閱以上數張開膛手傑克的信件，或許各位會有一個疑惑：為什麼筆跡看來有點不同？手稿的真偽固然重要，因為當時案件太過轟動，盛傳信件中有不少是假冒的，為的是增加報紙銷量，不過這 3 封被大多數人相信是開膛手傑克的手稿。但它們看上去是有點不同，其中一個原因可能是寫字的時間不同，例如在行兇之前或之後，表現了不同的內在性格的陰暗面所引致的。

從第二封信及第三封信上看，字的線條看起來並不穩定：顏色的深淺與粗幼並沒有一致的規律感與樣式，從這樣的書寫表現上看，書寫人有着令人難以捉摸的情感，或會在心血來潮時，突然有一股情緒上的衝動，甚至產生精神錯亂。再者，第三封信上的小楷英文字母「r」的頂部轉角位置呈弓狀角形，有些字詞例如第七行的「risk」及第八、九行與第十行的第一個字詞，有修改過的痕跡，代表書寫人或對現狀有不滿的想法，不滿是源自對完美的過分追求，為此他盡量掩飾埋藏在內心的挫敗感，同時亦很在意他人對自己的想法與眼光，可是越是在意，就越是會將面對他人的高牆築起來，個性顯得偏執與多疑。

除此以外，他們十分重視自己的內心世界，對外界的人與事均欠缺情感，並無一點同理心，所以寫出來的字，顯得具操控感。而小楷英文的「r」、「p」、「m」及「n」等多個字母，呈現出刻意的尖角鈎狀，再加上向上的「e」，如第二封信第六行「trouble」及第十三行「police」當中的「e」字，代表他能絕無感情地殺戮，並合理化自己的行為，成為世紀大壞人！

「黃道十二宮」
殺手解密

20 世紀 60 年代，有一位活躍於美國、自稱「黃道十二宮」（Zodiac Killer）的殺手。根據美國警方的調查公告所顯示，這名連環殺手，一共殺死了 5 名青年男女，還有兩名曾遭他襲擊的生還者，其手段甚為兇殘。他曾多次去信各大報館，並要求對方刊登信件，否則便進行大型屠殺，其中包括了 3 封以符號、繪畫組成的密碼信。他宣告：若有人能解開信中的所有密碼，就定必能抓到他。在信中，他自誇從 1968 年年底起，共謀殺了 37 名年輕男女，只是警方未能獲得充分的證據，所以無法確認被害者的實際數量，也不清楚他殺人的目的。

可是，除了第一封密碼信在早期被破解外，第二封信在相隔約 50 年後，才被澳洲數學家、比利時數碼破解工程師與美國軟件開發員組成的 3 人團隊成功破解。第二封信的內容是這樣的：「我希望你們在試圖追捕我的過程中得到很多樂趣。那個提到我的電視節目，上面的人並不是我。我不怕毒氣室，因為這會讓我更快進入天堂。因為我現在有足夠的奴隸為我工作，其他人到天堂時卻什麼也沒有，這就是他們怕死的原因。我不怕的原因，是我知道死後在天堂的新生活會很輕鬆。」

「黃道十二宮」的密碼信（圖片來源：ZodiacKillerFacts.com,http://www.zodiackillerfacts.com/gallery/albums/userpics/10001/4abc_-_San_Francisco_Chronicle_Dripping_Pen_Card_November_8_1969_340_Cipher_COLOR.jpg）

手寫我心

雖然是次的解密結果得到美國聯邦調查局的確認，可是信中並沒有任何關於殺手身份的資料，懸案仍然未被偵破。也許「黃道十二宮」早已過世，但聯邦調查局承諾會繼續調查，還受害人與其家人公道。

看到這裡，讀者或會有不少疑問，究竟是什麼原因，促使一個人如此暴戾地連環殺人？另外，為何這位殺手會想到將書寫內容設計成密碼？面對這種形式的密碼信，我並無任何筆跡分析方法可以洞悉殺手的想法。不過，除了密碼信，他也留下了不少手稿信件，我從網上找來其中一封，看看他究竟是怎樣的一個人。

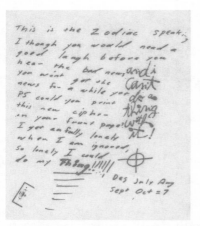

「黃道十二宮」親筆信（圖片來源：ZodiacKillerFacts.com,http://www.zodiackillerfacts.com/gallery/albums/userpics/10001/4abbb_-_San_Francisco_Chronicle_Dripping_Pen_Card_November_8_1969_INSIDE_COLOR_High_Res_LARGE_RESIZED_16X12.jpg）

在半個世紀前，能想到以複雜的密碼寫信，殺手的腦袋絕非普通級數，所以在這封信上，我嘗試找出智力高、思路清晰的聰明人的寫字特徵。一般而言，他們所寫的字，上區域比較長，如上圖信中的「d」、「h」、「l」。而字的下區域，並不會呈現出圈狀，如信中的「y」與「g」等。字距及行距亦較清晰，而且有些字看起來稍為扁平，如小波浪或線狀，例如信中第八行最後一個單詞。

在這封信上，你還能看到其他筆跡特徵：部分單詞的字母越寫越小，例如第七行的「print」；有些字、單詞看起來也模棱兩可，例如小楷英文字母「d」的垂直線條重疊在一起，要綜合前文後理，才能猜測當中的意思，這種寫法顯示書寫人除了聰明伶俐，更是個狡猾的人。

此外，信中有些字，顏色特別深，例如：第二行最後的「need」、第九行最後的「page」，以及第十三行最後的「Thing」等。加上靠右邊黑色字，看起來如漏墨水般的模樣，代表了書寫人將過量的情感積存在心中，且愛憑感覺與當刻心情行事。

再細看信件中的小楷英文字母「d」、「a」與「g」，圓圈

部分的線條特別渾濁模糊，「ｄ」垂直的一筆特別向左斜，顯示了書寫人正努力保護那準備破碎的自尊感，這正是不少殺人犯情緒爆發前的特點，證明他變得敏感、易怒，並隨時作出過激的反應。

仍未破解的
選美皇后謀殺案

在國際上，至今仍未破解的謀殺案甚多，較近期又頗為著名的，是 1996 年的美國選美皇后謀殺案。那是一個聖誕節，兒童選美皇后 JonBenét Ramsey 的母親早上起床時，發現當年只有 6 歲的 JonBenét 不見蹤影，同時發現了一封手寫綁架勒索信，於是她報警尋求協助。同日下午，JonBenét 的父親陪同警方搜查他的大屋，他們在地庫的一個房間裡發現了 JonBenét 的屍體。由於案件此前被認定為綁架案，調查人員並沒有收集環境證供，也沒有限制人員在大屋的進出；同時，親戚朋友知道 JonBenét 被綁架的消息後，也在同日前來慰問，以致環境證供屢被破壞，剩下的只有兇徒留下的手寫信。此信 20 多年來引起

了喋喋不休的爭議，不少犯罪學家、兒童心理學家、筆跡專家及調查人員都參與調查了這件懸案，可是兇手是誰，至今依然是一個謎。

當中讓調查人員最感疑惑的地方，是信件的長度與所寫的內容。在一般的綁架勒索案中，兇徒為免被人發現身份，勒索信大多寫得越少越好，能達到目的便是，甚至有用拼貼信作案的。但此案兇手的犯案地點在人質家裡，按理各家庭成員也在，為何兇手可以如此從容不迫，能殺掉人質且寫下數頁紙的綁架勒索信？這舉動不禁令人懷疑。

從信件入手調查，大抵會從兩個方向出發，其一是信中的內容與使用的言詞，主要是將書寫人習慣使用的言詞與語句組織傾向性等，與懷疑對象及大數據相比較，以收窄調查範圍；其二是以筆跡作對比，找出書寫人。

從內容上看，信件內容並沒有如一般勒索信那樣，有着讓人質家人懼怕的恐嚇言詞，兇徒反而在信中介紹自己，並有序地解釋贖金的安排，例如家人可從銀行戶口提取部分現金，再加上部分已有現金作贖金等等。信中也有不少錯別字，因此專家懷疑寫字的人學識不高，或不是以英語為

母語的人士。此外，兇徒要求的贖金不多，而且巧合地與 JonBenét 父親收到的年終獎金相同，加上 JonBenét 在家中遇害，居所也沒有被入侵的痕跡，自然而然，家中成員成為被調查的首要對象。

Mr. Ramsey,

Listen carefully! We are a group of individuals that represent a small foreign faction. We do respect your bussiness but not the country that it serves. At this time we have your daughter in our posession. She is safe and unharmed and if you want her to see 1997, you must follow our instructions to the letter.

You will withdraw $118,000.00 from your account. $100,000 will be in $100 bills and the remaining $18,000 in $20 bills. Make sure that you bring an adequate size attache to the bank. When you get home you will put the money in a brown paper bag. I will call you between 8 and 10 am tomorrow to instruct you on delivery. The delivery will be exhausting so I advise you to be rested. If we monitor you getting the money early, we might call you early to arrange an earlier delivery of the

勒索信（上）（圖片來源：Wikimedia Commons, https://commons.wikimedia.org/wiki/File:JonBenet_Ramsey_ransom_note.jpg）

money and hence d earlier
delivery pick-up of your daughter.
Any deviation of my instructions
will result in the immediate
execution of your daughter. You
will also be denied her remains
for proper burial. The two
gentlemen watching over your daughter
do not particularly like you so I
advise you not to provoke them.
Speaking to anyone about your
situation, such as Police, F.B.I., etc.,
will result in your daughter being
beheaded. If we catch you talking
to a stray dog, she dies. If you
alert bank authorities, she dies.
If the money is in any way
marked or tampered with, she
dies. You will be scanned for
electronic devices and if any are
found, she dies. You can try to
deceive us but be warned that
we are familiar with Law enforcement
countermeasures and tactics. You
stand a 99% chance of killing
your daughter if you try to out
smart us. Follow our instructions

and you stand a 100% chance
of getting her back. You and
your family are under constant
scrutiny as well as the authorities.
Don't try to grow a brain
John. You are not the only
fat cat around so don't think
that killing will be difficult.
Don't underestimate us John.
Use that good southern common
sense of yours. It is up to
you now John!

Victory!

S.B.T.C

調查人員為此要求 JonBenét 的父母交上多份兩人親手書寫的手稿，再交由多位筆跡專家作身份比對，目的是要確定寫字者是誰。一眾筆跡專家首先排除了 JonBenét 父親寫勒索信的可能性，但對於 JonBenét 的母親，專家們卻有不同的見解，有人認為勒索信正是 JonBenét 母親所寫，也有人認為兇徒在 JonBenét 母親的筆記簿上撕下紙張寫信時，剛好看到了筆記簿上的字，為了掩飾身份，特意模仿上面的筆跡，所以表面上看起來還是有點相似。不過，當兇徒寫得越來越長，腦袋開始「想着內容、忘了筆觸」，這種顧此失彼的現象從勒索信的後段的筆跡上可見──有看到前段與後段的不同嗎？提示：各位大可留意「y」、「g」等小楷英文字母的下區域部分，以及小楷英文字母「a」、「d」及「t」的寫法！這是令人懷疑的，不過，這封信究竟是誰寫？所寫的字，是否屬於兇徒？又或是兇徒模仿其他人的字來寫？這要留待進一步的筆跡鑑證工作。

至今，這件兇案仍未破解，不過後來調查人員在 JonBenét 的屍首上找到屬於第三者的 DNA，便排除對 JonBenét 母親的懷疑了。

連環殺手是怎樣養成的？

提及與香港有淵源的「連環殺手」，相信各位一定會想起當年的雨夜屠夫林過雲，其實在雨夜屠夫事件同期，亦有一宗轟動國際的加州連環謀殺案，犯案人是一名叫吳志達的香港人，被捕時約為 25 歲。據說他當時夥拍另一位美國同伴 Leonard Lake 聯合犯案，在美國加州進行連環謀殺，估計受害人最少有 25 人，當中多為女性，甚至包括嬰兒，有部分人更屬全家被擄走。他們並非即時將受害者殺害，而是先囚禁在密室，繼而進行虐待、折磨、強姦，並將虐待的過程錄影存檔，最後將他們的「獵物」殺害，手法極度殘忍。這案件轟動的地方，除了是殺人手法及殺人的數量很多以外，還有整個審訊被拖延逾 10 年之久，

衍生下來的是高昂的訴訟費用，無論是訴訟費還是審訊期，皆為加州歷史寫下一頁。

使整個審訊拖延逾 10 年之久的原因，並非是案件本身，而是原來犯人對法律條文甚為熟悉，於是利用不同的法律程序，使案件不能被審判，看到這裡，我們或會想，犯人會否是熟悉法律的人士呢？

據網上資料顯示，犯人吳志達在香港出生並接受教育，初中時期，由於在校內縱火，家人於是將他送往英國寄宿學校繼續學業。但在英國期間，又因犯偷竊罪而被勒令退學，在家人的安排下，輾轉走到美國，並獲得當地一所大學取錄，不過只讀了一個學期便退學，後來又因肇事逃逸而被起訴。之後又成功加入海軍陸戰隊，卻又因偷竊軍火被捕並判監，不過又逃獄往加州，最終夥拍一位美國友人，開展了連環殺戮的生活。

單從他的背景，可以看到這位殺手的經歷：從小到大在生命中歷經高低起跌，絕不平凡又殊不簡單，聞說他來自中產家庭，說實在的看起來並不缺錢，但被送往外國後，卻屢犯盜竊，究竟人之初，是性本善？抑或有人是天生下來

就是大惡人？

從心理學及犯罪學的角度來說，連環殺手的性格，大多是較內向、缺乏安全感、不善於表達自己的情感，亦很少透露內心的憤怒，在自我形象上，自尊感不足，所以顯得較自卑，常獨來獨往，朋友較少，所以多以自我想法為中心，喜歡幻想，而且他們的智力一般較高，不過在情感上，對人並無關愛和同情心。

究竟吳志達是怎樣的一個人呢？有傳聞指他是一位患有依賴型人格障礙的人（Dependent Personality Disorder），美國精神醫學學會《精神疾病診斷與統計手冊（第五版）》指出，患有依賴型人格障礙的人慣於依賴他人以滿足自己在情感上的需要，他們害怕孤獨，不接受分離，對被遺棄感到恐懼，嚴重者會將自己的性格特質遺忘，自我個性如同被完全吞噬一樣，然後過度依賴身邊的人，甚至乎將身邊人的性格演繹出來，成為他們的性格分支與附屬。這種精神狀況的出現，多早於青少年時期，主因是早期的家庭教養、父母對孩子過分專制強悍，又或是溺愛。年幼時期，孩子很害怕向父母說不，所以不行動、不做決定就最好，又或是在被溺愛下，不知道、也沒想過可以說

「不」，或覺得什麼都不用想、什麼都不用說，依賴着父母就是最好的孩子。

那麼患有依賴型人格障礙，與他連環殺戮又有何干？之前說過，吳志達是與 Leonard Lake 一同犯案，這名夥伴早已自殺身亡，而他的家庭背景也頗為複雜，有說他年幼時父母離異，往後日子在祖母的照顧下成長，可是祖母對色情甚有偏好，自小便為 Leonard 兩兄妹拍下不少色情相片，在耳濡目染下，Leonard 愛上色情拍攝，甚至強姦了親生妹妹，最終成為一名慣性性罪犯。假若吳志達真的是一名患有依賴型人格障礙的人，夥拍 Leonard 一同犯案，也不是無可能的，況且在漫長的審訊中，吳志達的父母也多次飛往當地，親身為兒子求情，申述自己在兒子年幼時期的教養過分嚴苛，引致吳志達在性格上有着嚴重缺失，犯下彌天大錯。

我常說筆跡反映着一個人的成長經歷，這包括了家庭的教養是如何影響着一個人的思想行為、生活態度，甚至是如何地傳承到下一代。因應版權問題，我未能在此加入吳志達的手稿，讀者們大可在互聯網上找到吳志達的手稿作參考，不過，我還是模仿了部分吳志達手稿上的字形，以方

便解釋。

在此，我選了「f」、「g」、「letter」、「I」及「y」作解釋。看着「f」、「g」及「letter」，讀者們應該不難發現這些字的圈圈，看起來比較肥大，「f」的整體形狀甚至像一個胚胎，這顯示了書寫人在情感上的依賴程度頗高，喜歡沉醉於幻想；再細看這些圈圈的頂部較尖，代表他對於他人的批評、責罵相當敏感，有着不安的情緒與過分緊張，也神經質地自覺自己與其他人不同，那倒不如留在幻想世界中，就是最好的安排。

此外，你不難發現那個像數字 2 的大楷英文字母「I」，它亦有着扭曲與奇怪的圈圈，底部更出現棍棒狀，有的更像倒三角，表面上，寫個「I」字好像很清楚地帶出了「這就是我」的意思！但其實在簡單的筆畫中，暗藏了不尋常的細節。

「I」反映着書寫人對自我形象的概念，就如同當你高呼「我」的時候，有多肯定自己？而這個概念的建立，在於整個成長時期的家庭管教。吳志達的字，表現出他自慚形穢，所以不自覺地將「I」字寫成數字的模樣，暗示了他覺得自己低人一等的心結。此外，倒三角形狀的底部也揭示着，他非常在意父子關係，也覺得父母的愛從來都不夠，與此同時，更將「I」字最後的筆畫延伸至右邊，代表感到不安穩與混亂，於是變得自我中心。而反向的「y」字底部，有着對異性的批判和攻擊性的衝動，最終產生了不可逆轉的結果。

筆跡問與答

你有疑問
我有答案
筆跡心理學其實很科學！

Chapter 4

筆跡分析等同
測字？

推廣了筆跡分析一段時間，也常常收到不少要求做筆跡分析的查詢。有些朋友要求盡快約時間面談，即場寫字、即場解說，要完全符合香港的繁忙節奏，再來個速效式的寫法：希望只寫一個字，即能穿越時空，透徹地剖析過往，再展望將來！還要告訴我：「Maria，我大概聽過你的故事，你說過你把自己的手稿，寄給英國的一位筆跡專家，結果她將你過往成長，有何德、有何能，全部一一道來，讓你的將來有更多的可能，我有說錯嗎？若是沒有理解錯誤，我也要來一份一式一樣的，只是我想再快一點，即見、即寫、再即講，我平時寫字不多，寫一兩個字給你也應該差不多吧！」如果你是我，接到這樣的查詢，你會

怎樣回答呢？讓我告訴你，我想到的是：顯然大家都是土生土長的香港人，君不見超級颱風過後，腦袋裡只有「返工」二字，即無畏無懼地出門上班去！

要詳細地分析一篇筆跡，絕對不能快，始終分析的程序不少，也要安靜細心地去觀察，再重整故事的前因後果。而最重要的，就是所寫的字絕對不能少，因為那是分析的基本，數據越多，準確度越高。

至於有不少朋友要求寫一兩個字就作分析，那是混淆了傳統的測字方式，測字以字形上的意義，把字分別拆開再湊合，用以解釋所問之事的吉凶，這與筆跡分析並不相同。筆跡分析主要會留意字的四維、線條的形成、不同的寫法、墨水的流動方式及個人寫字特點，與學寫字時的習字簿字型作比較。所以一個完整的筆跡分析，並不能快。

或許你會說，測字有千年歷史，也只能被稱為「方術」。筆跡分析只有短短幾百年歷史，也有聽說過它是「偽科學」，筆跡分析有科學、數據的支持嗎？亦有道聽途說那些所謂的科學根據，已是很遠久的事，與現代的研究方式並不配合，也欠支持，若是這樣隨隨便便的，似乎與測字

並無分別。

就讓我作為行內人，告知你真實的狀況。國際上有不少大學研究人員以及筆跡專家，一直為筆跡分析的研究而努力，每年都有發表種種不同的研究報告，研究方向包括筆跡與性格的關係，以筆跡協助分辨情緒問題、犯罪傾向、心理狀況等等。

在 2019 年年底，有百多年歷史的瑞士筆跡專家公會便有新舉動。過往該公會分別致力於培訓筆跡專家、推廣並進行筆跡科學研究。為了讓筆跡分析更專業，瑞士筆跡專家公會將專注於提供培訓，提升對筆跡分析的質量要求，於是另外成立獨立的筆跡科學研究所，並廣邀世界各地的筆跡專家，以及不同界別的科研人員參與研究工作，更與各國大專院校合作，並出版期刊，讓筆跡心理學更具科學價值，更希望藉此吸引更多年輕一代，加入筆跡專家的行列。

筆跡分析是
偽科學？

在上一節，我提及了關於筆跡心理學是「偽科學」的問題，其實自我從事筆跡心理學開始，就有朋友非常認真地勸勉我：作為一位專業的會計從業員，你理應好好從事老本行，不應沉迷於惡名昭彰的「偽科學」，也有些陌生人給我郵寄了不少關於「偽科學」的文章。在此，實在感謝各方朋友的關注、認真查證的態度以及所提供的資料。

在過往會計與審計行業的專業訓練中，我們清楚知道「支持文件」（Supporting Information）的重要性。在這個思想方向的大前提下，早已道聽途說過筆跡分析是「偽科學」傳聞的我，本着無盡的求知精神，終於在一份法國心

理學期刊內找到了所需的資訊。該份報告是由法國巴黎笛卡爾大學（Paris Descartes University）與加拿大京士頓市皇后大學（Queen's University, Kingston, Canada）的心理學部研究人員聯合撰寫的，在分享相關資訊前，我想解釋一下何謂「偽科學」。

「偽科學」（Pseudo-science）是指任何沒有經過或經不起可信性測試，又沒有科學方法支持的理據，但表達起來卻包裝着「很科學化」的知識理論，傳聞中，筆跡分析是其中一種「偽科學」。

你知道嗎？法國著名的實驗心理學家與智力測驗（IQ Test）創始人阿爾弗雷德・比奈（Alfred Binet），便曾在1895年指出筆跡分析是「偽科學」。不過在1900年初，他糾正了這個說法，指出筆跡分析具科學的有效性，並以筆跡分析作為協助測試兒童智力狀況的其中一個項目。

那麼為何阿爾弗雷德・比奈對筆跡分析的想法會有這樣大的轉變呢？這一切源自一宗名為「屈里弗斯事件」（Dreyfus affair）的政治爭議事件。1894年，德國駐法國大使館的清潔女工在廢紙堆發現了一封被撕毀的信件，還

原之後發現是匿名手寫信，目的是向德國大使館提供法國軍事情報。法國政府從信中看出應是炮兵所為，後來一名叫阿弗利・屈里弗斯（Alfred Dreyfus）的法國猶太裔軍官被召喚到總參謀長的辦公室，他被命令寫下數個字詞後，隨即被逮捕，並被控以叛國罪。

法國政府當時委聘了一直為法國國家銀行工作的筆跡專家阿弗利・高畢（Alfred Gobert），進行匿名信的筆跡對比工作。高畢的結論指出，匿名信上的筆跡應屬其他人。法國政府於是再找來 3 位筆跡專家查證，結果其中兩位認為屈里弗斯是匿名信的書寫人，而另一位與高畢的結論相同，造成 2 比 2 的局面。

此時，協助調查的官員阿方斯・貝蒂榮（Alphonse Bertillon）站了出來，他是一名生物識別技術的研究者，亦對筆跡分析略有認識，他對比屈里弗斯的字與匿名信上的字後，認為此信確實是屈里弗斯所寫，法國政府因而將屈里弗斯入罪，判處了終生監禁。此事在社會上引起了廣泛爭議，不少人認為屈里弗斯是無辜的，而阿爾弗雷德・比奈就是其中一名支持者，他相信屈里弗斯，更認為這樣使用筆跡分析對比並無可信性，實屬偽科學。

數年以後，屈里弗斯事件被平反了，但是阿爾弗雷德‧比奈對於筆跡分析還是耿耿於懷。在偶然的機會下，他遇上現代筆跡學之父 Julus Crépieux Jamin，經過多次交流，他終於認同筆跡分析具科學的有效性，於是聯同 Julus Crépieux Jamin 以筆跡分析法，協助進行各項對兒童智力測試的科學研究，阿爾弗雷德‧比奈的結論是：透過筆跡分析，可以看出智力狀況的端倪。

直到現在，世界各地的研究人員仍然努力不懈地研究筆跡分析。既是如此，筆跡分析仍是偽科學嗎？

書寫為何被稱為「腦力寫作」？

書寫是指用手執筆，在紙張上寫字，那為何會被稱為「腦力寫作」（Brainwriting）呢？

各位有聽過「十指痛歸心」這句俗語嗎？道理是有些相近的。手指是人體觸覺最敏感的地方，布滿着受體，即傳導腦部細胞信息的接收器。英國曼徹斯特大學（The University of Manchester）曾經有研究顯示，我們指尖上的接收器數量是整個身體裡最多的，每一平方厘米約有 2,500 個，比掌心上的接收器多出一倍。手部接觸事物時，接收器與物件產生壓力，神經因而出現反應，在無意識的時候與腦袋互相對話。

再看我們執筆寫字的動作，很大部分是指尖的活動，再配合手掌與手腕，以及身體各部分輔助而成。縱使大家學習寫字時用的可能是同一本習字簿，但寫出來的字也會各有不同，因為我們腦袋裡裝着獨有的經驗，每個人都有不同的生活習慣，例如起床時間，或有些人早上開工前必須來一杯港式奶茶等，這些都是我們有意識實行的習慣。

讓我再問問你們一些關於「習慣」的問題。每天早上，將牙刷放入口中的那一刻，你的牙刷是放在哪一顆牙齒上？進入地鐵車廂時，你是先邁左腳還是右腳？這些日常瑣事我們並不太在意，但它們卻顯示了我們的慣性，筆跡也如是。比方說，給你一張空白無間線的紙，你落筆的第一個字會在紙上的哪個位置？可以的話，再看看身邊朋友與同事所寫的字，他們落筆的位置有否不同？為什麼會是這樣？

這一切無意識的習慣，是以往重複的感受與思考模式等形成的慣性回饋感，並在神經網絡上循環，再儲存於腦袋內，內裡的資訊能通過書寫人的筆跡投射出來，所以書寫是無意識的「腦力寫作」。看似無意識的字形與文字的排列，其實是書寫人有意識地表達的內容，所以我們能透過

筆跡分析的方法，解讀文字背後，書寫人的性格、行為、態度與習慣等等。

依上面所說，讀者或會有一點疑問，就是自己每次寫的字都略有不同，尤其是簽名，例如在銀行處理戶口事項時，或多或少也曾遇過職員說簽名不符的情況，這代表什麼呢？是否性格、行為方面的轉變？

事實並非如此。每次寫字不同是正常而合理的現象，專家稱之為正常偏差。我們的手部有柔韌性，所以寫字的落點並不會一模一樣，筆跡分析講求的是內在精神，即是從細微的地方出發，觀察字的內在精神，請看以下的例子：

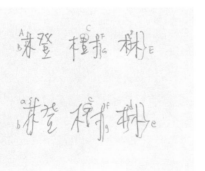

上下為同一人寫的字

同一人所寫的字，表面看來略有不同，我們要看的細微之處卻有很多。在對比上方「橙」字的 A、B 部分與下方「橙」字的 a、b 部分的比例，以及 D、E 對比 F、G 與 d、e 對比 f、g 的比例後，得出相同的結果；若再細看，組成「樹」字的「土」部分，兩組字的斜度及鈎角部分，位置與角度也非常相近。雖然兩組字外形並不相同，但精神（核心性格上）並沒有改變，變的或是寫字當刻那趕急的情況，所以你寫的字，還是反映着那個獨一無二的你。

為何醫生要寫「醫生字」?

據傳媒報導,在印度曾經有 3 位醫生就因為寫字太醜,讓人看不清楚,被法庭各罰款 5,000 印度盧比,折合約港幣 500 多元。我常常對大家說:「手寫文書從來不存在美與醜,因為筆跡反映着我們獨特的個性!」既是如此,為何 3 位醫生那些「有個性」的筆跡,卻會招來印度法院的懲罰呢?

事情是這樣的:3 位印度醫生分別就一名病人受傷的個案,向法院呈上獨立醫療報告,巧合的是,他們的報告都是手寫的,至此,讀者應該會聯想到我們日常看到的「醫生字」。由於他們的筆跡太潦草,法官與案件律師都無法

看清所寫內容，認為 3 位醫生浪費法庭時間。醫生向法官求情，說日常工作太忙，所以才用手寫，但法官還是向 3 人判處了罰款，並要求往後提交法庭報告時不能手寫。

一般情況下，寫出潦草又讓人看不清楚的字，其中一個原因是書寫人並不在意其他人能否看清內容，他只在乎自己的想法，不太為人設想。若是如此，又如何解釋「醫者仁心」，醫生以救治病人為己任的善心呢？

過往不少朋友問我對醫生所寫的字有何看法。所謂「凡事皆有例外」，在筆跡分析的角度下，醫生字確實也屬「例外」之列。即是說，在一般情況下，我們不會分析醫生所寫的字，因為在脫下醫生袍以後，他們也會寫出一些讓你清楚易讀的字，只是當返回工作崗位，執筆手寫病歷又打回原形。

英國劍橋大學（University of Cambridge）與美國波士頓衛生保健研究所（Institute for Health Care Improvement, Boston），曾經將醫生與其他醫護人員的筆跡作調查對比，以查證醫生所寫的字是否最讓人看不清楚。在 200 多個抽樣調查中發現，醫生所寫的字並不遜於其他醫護，

即是說：醫生所寫的字，並不如傳統印象般「難看」。

那為何在傳統印象中，醫生多會寫出潦草的字呢？印度瑪尼帕爾醫療科學期刊（Manipal Journal of Medical Sciences）於 2016 年曾論及醫生手寫筆跡的問題，指出筆跡潦草並非是刻意造成的。因為醫生在診症的時候，腦袋裡花了不少資源診斷分析，既要為病人尋找疾病的源頭，也要想出適合的醫治方案與藥物安排，還要準備應付門外川流不息的病人。換句話說，醫生是與時間競賽，希望在有限時間內醫治更多病人，在此情況下，腦袋自然不會分配太多資源在寫字上。所以醫生的字寫得潦草，背後其實是關愛病人的表現，是值得敬重的！

再者，在電腦未普及的年代，醫生每天都要不停手寫每個病人的病歷，手部幾乎沒有一刻停下來。累嗎？精神上或許不會，但手部肌肉還是會如實地告知你：我真的累透了！以累透了的手去寫字，還會寫得好看嗎？

在往後的日子裡，若你有機會看到「醫生字」，請感謝他們無私的奉獻！

字要寫得美嗎？

不少父母會擔心孩子的字寫得不好看，影響功課與考試成績；再想遠一點，字寫得不好，或許會影響日後求職面試時，僱主對孩子的印象。始終我們讀過不少關於書寫的古人名言，如：「人如其名，字如其人」、「書必有神」、「君子小人必見於書」、「品高則下筆妍雅」等，種種書寫所帶來的印象，會讓我們不期然地認為，寫得一手好字是何等的重要。

我也曾遇過不少父母查詢，如何改善孩子字「寫得醜」的問題。我看着孩子的手稿，字字清晰，筆畫也沒有問題，有什麼要擔心呢？奈何父母們還是關注着「寫得不好看」的問題，他們每天會花上不少時間陪孩子做功課，對於

「寫得不好看」的生字，要求孩子擦掉再寫又再寫，務求做到最好。

對於這些行為，我是完全理解的，只是辛苦了父母，也辛苦了孩子。在此就讓我與大家分享一個關於孩子寫字的個案：一名 11 歲的女學生，打從她學寫字開始，媽媽便從旁引導其一筆一畫，甚至是字與字、行與行之間的距離。她的字體整齊而一絲不苟，在某程度上可說是天賦，也可說是她對自己的表現甚有要求，事事都要完美。在老師與同學的讚賞下，她將所寫的字練成如習字簿的字一樣，對此她甚為自豪。

升上中學後，媽媽察覺到女兒放學後要花不少時間做功課，由最初的晚上 8 時、9 時完成，發展到 11 時、12 時，甚至凌晨 1 至 2 時。正當媽媽還在疑惑為什麼初中的功課量那麼多之際，突然接到學校來電，對話後，始知女兒的功課量並不多，但她上課時無精打采，功課也沒有完成，這與她親眼所見女兒勤力的情況差異甚大。

原來，女兒每天都在忙於將上課所記錄的筆記整理再重抄。她總覺得筆記上的字寫得不好，於是不斷擦掉重寫，字再寫不好，便撕下筆記，再重新抄寫。如是者，同一份

筆記，由原本 1 小時、2 小時延至 4 小時也未完成，女兒累了便倒頭大睡，睡醒了又再繼續寫，廢紙箱裡，滿是擦膠碎與撕下的筆記紙張，父母見狀，與學校商討後，決定尋求專業意見。

實情是這樣的：這女孩升讀中學之後，並不適應學校的學習環境，與同學之間的交往也出現問題，以往因字寫得美而得到的讚賞光環，隨着環境與周遭人事的改變，逐漸褪色。然而，她對字體完美的執着仍然存在，在希望得到與失去之間糾結。再者，她在潛意識中認為，若字寫得不工整，定會影響老師對習作的評分，這一切形成了一股沉重又逃不了的壓力，女孩在精神上感到無助，便不自覺地重複進行着「完美寫字」的行為，弄得身心疲累不堪，因而需要暫時停學，並接受心理輔導與認知行為治療。

美與醜往往只在一念之間，在筆跡分析的角度，寫字並不存在美與醜的分別，我們關注的，是書寫人是否稱心自如地寫，以及寫出來的字能否清楚易讀，就這樣簡單而已。循這方向而行，協助孩子成長的成年人應給予孩子發展的空間，讓他們自由地探索，輕鬆地書寫，有一天你會發現，他們的腦袋，充滿着無盡的創意。

不用手寫的年代，
字體重要嗎？

與友人同到超級市場入貨，經過零食餅乾的貨架，友人說要懷念一下兒時的味道，於是在貨架上找來了一包麥芽酥餅。友人說，小時候婆婆最愛買這款酥餅回家，每天「三點三」的下午茶時分，她便與婆婆坐在一起吃麥牙酥餅，自己喝着熱牛奶，婆婆則喝着自家製的煉奶奶茶。兩婆孫的日子，真叫人懷念。

友人看着手上的那包麥芽酥餅，有一種「說不出」的感覺——包裝似乎有所不同，尤其是字體。我看在眼裡，決定要從筆跡分析的角度告訴你，字體的改變影響着我們對事物的一切觀感。讀者或許會有這樣的疑惑，打印出來

的字體（Font）與手寫扯不上任何關係，那麼，這些字體與筆跡又有何干？其實，筆跡分析的範疇是很廣泛的。英國筆跡專家公會也有專門研究企業字體的同業，我在這方面並不是專職，但可與各位分享一下，關於企業用字的基本概念。請先看下列 3 組英文字，我隨意替同一英文字換上不同的字體樣式，我想問一問大家，哪組字體樣式更能加強字面的意思？

A	B	C
Sweet	Sweet	Sweet
Romance	Romance	Romance
Angry	Angry	Angry
Powerful	Powerful	Powerful

3 組不同字體的英文字

對於「Sweet」（甜蜜）的演繹，相信各位多會選擇 A 因為甜蜜帶有開心和圓滿的感覺，所以飯後要來一客甜品，才可滿足，圓的字形就有着這個甜蜜的意思。「Romance」（浪漫）的氛圍，A 似乎可達致圓滿，但猶有不足；選 B 的角形似乎是驚嚇、憤怒多於浪漫；在這

裡，C 的字體多了一份優雅與細緻，這個選擇較易顯出浪漫的氣氛，因此你不難看見，婚紗店與婚宴多用上類似的字款。

「Angry」（發怒），不用多說，大家一般會選有尖角與「高低不平」的字形吧！寫「起角」字的人通常是有脾氣、不好惹的，有想到哪位名人的字有大量尖角嗎？「Powerful」（充滿力量的）是強而有力的，圓形的模樣似乎並不適合；尖角的可能看似強悍，但未知是否實在；稍向右斜的方形，四方平穩、有動力地向前推進，顯得比較實在，所以較為適合。

以上的例子，正好說明了適當的字體能加強信息表達，不過，字體為什麼會有這樣的效果呢？原來在我們潛意識的分類中，不同的圖形代表不同的感受，並且各自聯繫。有看過我之前作品的朋友，大抵會記得我曾談及過塗鴉（Doodle），不同的圖案，例如圓形、方形、三角形等等，都有着特定的象徵意義。

英國牛津大學（University of Oxford）曾經就不同味道、字形與圖案的關係作研究，報告顯示角形字體與酸味有

關，圓形字體則使人直接聯想到甜味。既是如此，請各位細看我朋友特別喜愛的麥芽酥餅，新舊包裝字體有何不同？最上方的是新包裝的字體，中間的與最下方的則是過往包裝的字體。麥芽酥餅是甜餅，根據牛津大學的研究結果，用圓形相關的包裝字體是最適合不過，所以中間的那一張最佳。至於最上方的那張，「MALKIST」用上了方形的字，這款字形讓你聯想到什麼呢？我請各位逛超市的時候，也留意一下不同類別的產品，看看它們多用上哪些字體。

麥芽酥餅的 3 種字體

請不要以為，進入了電子化、不用手寫的年代，筆跡便與你毫無關係。筆跡一直存在於我們的生活中，稍微改變的一筆一畫，透過我們的視覺，聯繫起腦袋裡的感官數據庫，便能勾起不同的情感與印象，最終影響我們的行為反應。不同款式的字體，正正表達了不同企業的獨有文化與產品功能，這是商家不容忽視的。

如何通過寫字，
逆境中自強？

在某個狂風暴雨的一天，我從 3 號幹線驅車往尖沙咀途中，先是烏雲密布，繼而暴雨滂沱，面前視野不足 10 尺。只是過了數分鐘，眼前竟出現藍天白雲，正想着會否遇上彩虹之際，不知從何而來的大風，快速捲來了一大堆黝黑的雨雲，似乎在為下一陣狂風暴雨做準備。正所謂天有不測之風雲，只是十多二十分鐘的車程，便已看盡風雲色變，車上友人在投訴「外出先嚟落雨」，而我還是期待下一秒看到陽光與彩虹的機會，也許短暫，但還是值得。

坐在同一輛車中，看着一樣的眼前景況，一人仍在憂心忡忡，擔心暴風雨所帶來的狼狽與麻煩；另一人卻期待那短

暫的驚喜。問題究竟在哪一方？再往後退一步看，暴風雨過後的時晴時雨，只是普遍不過的自然現象，奈何總有人樂觀自處、悠然自得，也永遠有人憂心忡忡，天灰人也灰。

歸根究底，都是腦袋裡的問題。從科學的角度解釋，我們大腦的神經路徑會根據我們的思維改變而產生變化，繼而進行重組，這種現象被稱為「神經可塑性」（Neuroplasticity）。對神經心理學深有研究的加拿大心理學家唐納德・赫布博士（Dr. Donald Hebb）認為：「同步發射的神經元，會緊緊地連接在一起（Neurons that fire together, wire together）」，簡單地說，正面的思想可吸引更多類似的正面思想神經元（Neurons）聚集；相反，負面的想法造就了更多帶着悲觀的神經元匯聚，無論正面或負面思維，都會因此擴大並發揮更大的效能，持續地引導着我們的思想行為。看到這裡，你想到問題所在了嗎？

根據這個邏輯思維，持續性的負面思想讓消極行為模式不斷滾存，在經濟不景的年月裡，人浮於事，除了不安與惶恐，似乎怎樣想也只有無奈。你願意讓自己跌入漩渦，身不由己嗎？

其實，經濟不景氣，與我之前談及的下雨天有一個共通點，就是兩者只是外在環境的表現，本身並不具備任何情感。或許不少人會認為，這些情況或多或少帶着一點負面因素，但是，難道你就隨意讓外界的觀感塑造與改變屬於你自己的神經網絡路徑嗎？

也許你會有這樣的疑惑：只通過有意識地「想」而變得樂觀正面，似乎有點虛無縹緲，實行起來看似有困難。但我要告訴你，自主權永遠在你的手裡，只有你可掌控自己的一切，包括掌控你手上的筆杆。

通過筆跡，我們可以看到一個人的正向思維狀況，請先看下面兩份手稿：

in the bond of love
ined our spirit with

垂直筆畫呈微彎狀

and is the third tall.
is even a place c

垂直筆畫較直

請留意有長且垂直筆畫的字，例如：上圖第一行「the」的字母「t」，與「bond」的字母「d」；下圖第一行「the」的字母「t」，與「third」的字母「d」。

比較兩組的垂直筆畫，上圖那組呈微彎狀，下圖那組則較直，被堅實地寫在紙上。明顯地，下圖的書寫人自信心較強，思想正面、態度肯定，這是正向思想的表現。你所寫的字有如下圖這樣的垂直筆勁嗎？未有的也不要緊，現在開始練習，嘗試改變這個寫字習慣也不遲。請記着神經網絡的可塑性，我們的思維模式，是可以通過持續性的指引而改變的。

人類與生俱來有着超強的適應能力，疫境的日子，我們更需要有正向思維，才能得以自強。加油！

如何利用寫字，
活出真正的你？

受新冠肺炎疫情影響，零售、旅遊、工業生產、交通、物流等行業大受打擊，經濟表現更錄得負增長。不過也有企業在疫情下受惠，例如清潔消毒用品公司及口罩供應商。我曾聽說，這些公司於疫情期間，一個月的銷售量已達到公司全年銷售指標，市場銷售部員工完全可以放慢腳步，輕鬆一點，稍事休息。這些行業在總體上的業績表現，大抵也是意料之內，始終清潔、消毒與防護是疫情中最重要的事情。

不過凡事也有意料之外。據外國媒體近日報導，一家文具公司在疫情下的銷量反而上升，銷情較佳的產品有筆記

簿、日記簿、電話簿與筆。驚奇嗎?原來很多朋友在家中抗疫,足不出戶的日子,不是如我們想像般依賴電子科技,而是反璞歸真,重新整理自己,記下一些人、一些事、一些情;再組織一下親人和朋友的清單,留下永久而實在的記錄。未知,你會否也是其中一位?

也許你會有這樣的疑惑:以電子模式記錄,不是方便得多嗎?不用抄寫,也可隨時更改,以達致完美。不過我希望你跟我一樣,可以換個角度去看整件事情,雖然同是記錄用途,但使用電子方式輸入與書寫本身,屬於兩種完全不同的思考模式。

先說使用電子方式輸入,我們需要用雙手操控鍵盤,腦裡想着要記下的事情,一邊想,一邊輸入。當發現出來的東西行不通,不要緊,因為一按「刪除」鍵,便可重新開始,方便得很。執筆寫字呢?用了筆和紙,但思考方式卻截然不同。落筆之時,我們想記錄的內容已經存在,例如整件事的前因與後果,梳理好才開始落筆。中途寫錯的話,若是普通文件,你或會用一條線劃過便算,只是如果寫錯太多次,劃線太多甚至用上了大量的改錯帶,視覺上的觀感會讓你看得不舒服。最終,你或會選擇再重抄一份。

為了避免大量的抄寫工作，你的思考方式會慢慢調校為：想好了才開始寫，這與一邊想一邊輸入是完全不同的思考方式。這樣的思維，最終會反映在我們的性格與行為上，兩種方式有何優劣？相信各位心裡有數。

對於筆記簿的選擇，在我從事筆跡分析工作之前是有點執着的。我會多心地買不同款式的筆記簿放在家中，但真正會用的只有一個品牌的指定款式，用完一本，便放在書架上，偶爾才打開來看看。舊筆記簿的外表是一模一樣的，但翻開來看，內裡的樣式卻隨着自己對筆跡分析的認識加深而有所轉變，而這正是我要讓你知道的重點。

以下幾張不同的圖片，除了筆跡不一以外，你還能看見的是不同樣式的筆記簿，有最原始的、學習英文時用的三間線練習簿，有最普遍的單行間線練習簿，有格子簿，也有小點簿與完全空白的無間線簿。我相信大部分人較喜愛使用單行簿，始終有「一線在手」伴着書寫令人舒服又安心，且看起來較規範。不過，在這類簿子上寫字必然會整整齊齊嗎？看看這些圖便知道了。

那麼格子簿又如何？有的人喜歡在小格內寫字，有的則用

有間線與無間線簿有不同的寫法

I had a cat who was so fat.
He could not even sit on his mat.
He had a hat that did not fit. He
put it on and then it spilt!

6 7 8 9   Hey diddle diddle
           The cat and the
i j k e   fiddle.

原 來 是 世 間 有 荒 謬
你 我 分 的 手 先 最 含
理 與 溫 柔 每 個 身 門
誰 來 假 裝 多 愜 心 不
對 口 暗 地 也 有 偶 □

格子簿也有不同寫法

筆跡問與答

上數格寫一個字。而在我遇過的個案中，會用格子薄的人，大多都是不喜歡依循傳統，做事有創意，有點與別不同的。

其實，「有線」的存在就是有框架，象徵着我們的舒適地帶。何不走出框框，直接在空白的紙上去寫？只有這樣，才可自由地活出真正的你！這亦是在正規的筆跡分析中，書寫人需要用上白紙寫字的原因。

後記

筆跡分析需要循證實踐，原因是每一個人的手寫字，都是獨一無二的，所以每次做分析的時候，都是一個實踐與學習的過程，因為不同的手稿，會有着不同的筆跡特色，不同筆跡、線條的組合，就是不同性格的演繹。那就是說，筆跡分析並不是根據一種筆跡寫法，就決定你具有哪一種個性，所以如果說寫字的斜度向右，就表示性格外向，那就是以偏概全，筆跡分析就失去了本身的意義，亦正因如此，研習筆跡分析的人，需要有很強的觀察力與細微的心思，更要有靈巧的腦袋與鍥而不捨的精神，最重要的還是要有超強的耐性。進行筆跡分析所花的時間確實很多，也許是因為這個緣故，入行的新一代並不多。

在我接觸了筆跡分析以後，我了解到筆跡分析有着解讀人心與改善個人的能力，通過更深入地了解自己，找到了每個人獨有的「小宇宙」，繼而發揮真我本色，更自信地前行。於是我在構思，如何將筆跡分析簡單及生活化地演繹出來，讓普羅大眾隨手可用。

過往循證實踐的過程中，我收集了大量手稿，也認識了不少精英人士，於是我借來了他們的手稿，按不同性格、能力、興趣、精神狀態等等重新組織與分類，再找來了一些大家比較關注的生活議題，逐一為大家介紹，希望讀者們較容易明白，並能於日常生活上使用，有所裨益。

希望你們會喜歡《你是誰？我是誰？解讀人心的筆跡秘密》。

你是誰？我是誰？
解讀人心的筆跡秘密

林婉雯　著

責任編輯　　侯彩琳

書籍設計　　黃詠詩

出　　版　　P. PLUS LIMITED

　　　　　　香港北角英皇道 499 號北角工業大廈 20 樓

　　　　　　20/F., North Point Industrial Building, 499 King's Road,

　　　　　　North Point, Hong Kong

香港發行　　香港聯合書刊物流有限公司 | 香港新界荃灣德士古道 220-248 號 16 樓

印　　刷　　美雅印刷製本有限公司 | 香港九龍觀塘榮業街 6 號 4 樓 A 室

版　　次　　2021 年 7 月香港第一版第一次印刷

　　　　　　2023 年 4 月香港第一版第二次印刷

規　　格　　32 開（115mm × 188mm）232 面

國際書號　　ISBN 978-962-04-4840-9